LIVRE D'OR

DE

L'INSTITUT ÉGYPTIEN

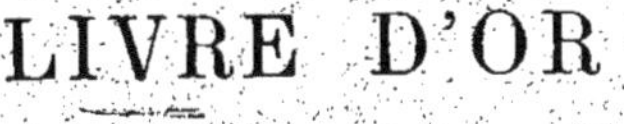

PUBLIÉ

A L'OCCASION DU CENTENAIRE DE LA FONDATION

DE

L'INSTITUT D'ÉGYPTE

L'INSTITUT ÉGYPTIEN

6 Mai 1859 — 5 Mai 1899

LE MANS

IMPRIMERIE DE L'INSTITUT DE BIBLIOGRAPHIE

ANCIENNE MAISON MONNOYER

1899

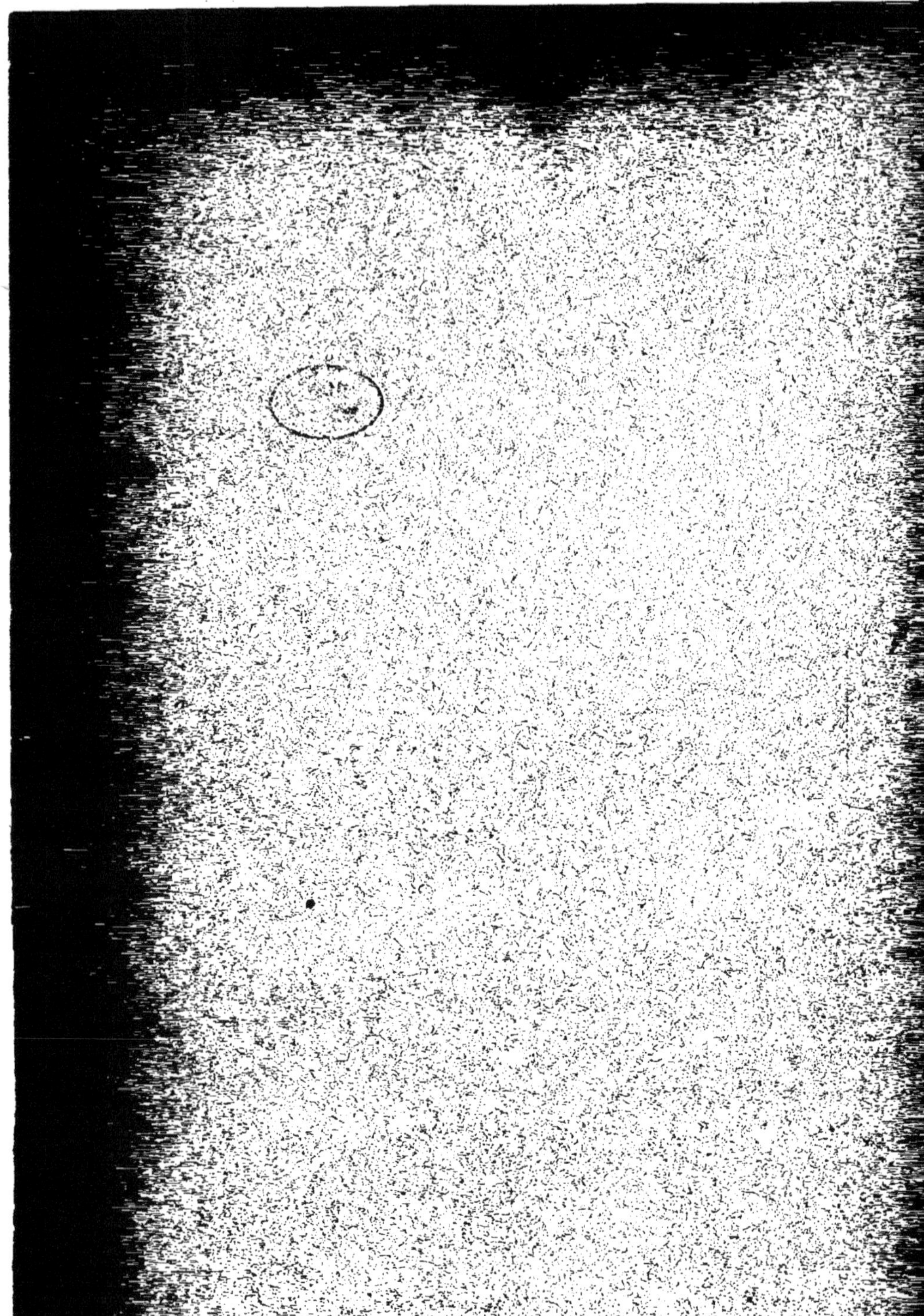

L'INSTITUT ÉGYPTIEN

6 mai 1859 — 5 mai 1899

PROTECTEURS

DE

L'INSTITUT

LEURS ALTESSES :

Le Vice-Roi

MOHAMMED SAÏD-PACHA

(*14 Juillet 1854*)

Les Khédives

ISMAÏL-PACHA

(*18 Janvier 1863*)

MOHAMMED TEWFIK-PACHA

(*26 Juin 1879*)

ABBAS HILMY-PACHA

(*7 Janvier 1892*)

AVERTISSEMENT

L'Institut Egyptien, ayant décidé en janvier 1898, de commémorer par la tenue d'une séance solennelle le *Centenaire de la fondation de l'Institut d'Egypte*, cette séance a eu lieu le 2 décembre 1898.

Un Bulletin spécial en fut imprimé et distribué avec le premier fascicule du Bulletin de l'Institut Egyptien de l'année 1899.

Comme complément de cette solennité, M. *Victor Loret*, membre résidant de l'Institut Egyptien, proposa par lettre du 29 décembre 1898, de publier un *Livre d'Or* de l'Institut, renfermant les noms de tous les membres de l'Institut Egyptien, depuis sa fondation, et la liste de toutes les matières traitées dans les séances.

Une commission, composée de MM. *Julien Barois*, Trésorier-bibliothécaire, *Ventre Pacha*, Secrétaire annuel, et *Peltier Bey*, Membre résidant, fut chargée de contrôler le travail préparatoire proposé par le Bibliothécaire archiviste. Cette révision ayant été achevée, le plan définitif de l'ouvrage a été arrêté comme suit :

Le titre adopté est « *Livre d'Or de l'Institut Egyptien* publié à l'occasion du centenaire de la fondation de l'*Institut d'Egypte* » et en sous-titre :

L'Institut Egyptien 6 mai 1859 — 5 mai 1899.

Avant tout texte une liste des Vice-Rois et Khédives d'Egypte intitulée « Protecteurs de l'Institut » avec les dates de leur avènement.

Cette liste est immédiatement suivie : 1° du sommaire de la séance qui a précédé la fondation définitive de l'Institut Egyptien ;

2° Du discours prononcé à cette séance par le Rapporteur du Comité d'Organisation ;

3° De la liste des membres du premier Bureau définitif ;

4° Du sommaire de la séance extraordinaire du 2 décembre 1898 en commémoration du centenaire de l'Institut d'Egypte ;

Et 5° Des discours prononcés dans cette séance.

Viennent ensuite :

Les listes : 1° des Présidents honoraires, Présidents, Vice-Présidents, Secrétaires honoraires, Secrétaires perpétuels, Secrétaires archivistes, Trésoriers-Bibliothécaires et membres du Comité de publications de l'Institut Égyptien (1), du 6 mai 1859 au 5 mai 1899, avec les dates de leurs nominations ; 2° de MM. les membres de l'Institut Egyptien depuis sa fondation (6 mai 1859) jusqu'à la dernière séance tenue avant les vacances de 1899 (5 mai 1899), lesquels sont divisés en trois sections, savoir : Membres Résidants, Membres Honoraires et Membres Correspondants (2).

Les Travaux de l'Institut Égyptien, du (6 mai 1859 au 5 mai 1899) qui sont divisés de la manière suivante :

I. Agriculture.

(1) Aux termes des statuts de l'Institut Egyptien, tous les membres du bureau sont soumis annuellement à la réélection à l'exception du secrétaire perpétuel qui est élu pour cinq ans. Le Comité de publications est composé des membres du bureau et de membres complémentaires élus chaque année.

(2) Chaque nom est accompagné de la date des nominations et des titres, qualité ou profession dont jouissait ou qu'exerçait le titulaire au moment de sa nomination. La date de sa nomination a été laissée en blanc chaque fois que pour une cause, ou pour une autre, elle ne s'est pas trouvée relatée dans le procès-verbal, bien que le titulaire fût mentionné sur les listes du service des Bulletins et Publications.

De même, on a dû laisser en blanc les fonctions ou professions dont il n'a été trouvé aucune mention dans les archives.

Il est observé que nombre de personnes figurent d'abord sur la liste des Correspondants puis sur celle des Résidants, et ensuite sur celle des Honoraires. On a indiqué les dates de ces nominations successives et les titres ou fonctions occupées par les titulaires au moment où elles eurent lieu.

De plus il existe plusieurs membres résidants qui, ayant temporairement quitté l'Egypte, ont donné alors leur démission et qui ont été ensuite réélus à leur retour dans le pays. Pour ces membres on a indiqué les deux dates de leur première nomination et de leur réélection.

II. Anthropologie. Ethnographie. Sciences médicales.

III. Archéologie. Art arabe. Egyptologie.

IV. Astronomie. Météorologie. Sciences mathématiques, physiques et naturelles, Puits artésiens.

V. Beaux-Arts. Belles-Lettres. Bibliographie. Linguistique.

VI. Commerce. Industrie. Travaux publics. Voies de communication.

VII. Droit. Économie politique. Morale. Religion. Statistique.

VIII. Enseignement. Instruction publique.

IX. Histoire. Géographie. Notices biographiques. Contes et Légendes.

Pour dresser ces listes des travaux de l'Institut on a adopté l'ordre alphabétique des noms des auteurs en indiquant la date de la séance dans laquelle chaque communication a eu lieu.

Lorsque les matières traitées par un auteur comportaient une classification dans plusieurs sections, on a fait figurer le travail dans chacune des sections qu'il comportait.

Chaque fois qu'un travail n'a pas été publié, cette particularité a été indiquée, de même qu'on a signalé lorsque, non publié, il existe en manuscrit aux archives de l'Institut.

Semur, août 1899.

J. C. ARISTIDE GAVILLOT.
Secrétaire Perpétuel.

Vendredi 29 avril 1859

RÉUNION DU COMITÉ D'ORGANISATION

COMPOSÉ DE

MM. KŒNIG BEY, Secrétaire des Commandements de S. A. le vice-roi.

MARIETTE, Conservateur-Adjoint du Musée du Louvre de Paris, Directeur des monuments historiques de l'Egypte.

THURBURN, Négociant, Economiste.

SCHNEPP, Médecin sanitaire de France à Alexandrie, Rapporteur.

Vendredi 6 mai 1859

RÉUNION DES MEMBRES FONDATEURS

Le Docteur SCHNEPP, Rapporteur, prononce le discours suivant :

Messieurs,

Un certain nombre de personnes, qui habitent l'Egypte depuis quelque temps, qui s'y livrent à des études diverses, qui voient à regret leurs efforts isolés s'épuiser et leurs recherches interrompues demeurer infructueuses, tant pour la science que pour l'humanité ; qui sentent également la nécessité de s'éclairer réciproquement ; qui, d'un autre côté, apprécient hautement les avantages incontestables qui résulteront pour elles d'une direction méthodique et suivie, ainsi que d'une élaboration en commun de travaux qui sont appelés à jeter de la clarté sur tant de points obscurs dont les éléments de solution se trouvent cachés dans le sol Egyptien ; ces personnes, ainsi rapprochées par cet honorable sentiment de défiance que tout homme instruit doit avoir de ses propres forces, mais unies aussi par un invincible besoin de savoir et de connaître, ont conçu le projet de former une société, dans le but de se communiquer leurs travaux, de les soumettre à une critique raisonnée, sévère el impartiale, avant de les lancer dans la publicité, d'appeler à elle les communications que les savants et les voyageurs qui, de tous les pays du monde viennent explorer l'antique terre des Pharaons, auraient un si grand intérêt à leur faire, de renouer, enfin, la fertile vallée du Nil aux autres contrées de l'ancien et du nouveau monde, par les rapports de l'intelligence, comme elle l'est déjà par les relations commerciales.

Un comité d'organisation composé de MM. Kœnig bey, Mariette, H. Thurburn et Schnepp, rapporteur, s'est occupé sérieusement d'élucider tous les points qui intéressent une pareille association.

Une première difficulté s'est présentée tout aussitôt; il s'agissait de donner un nom à cette société qui, pour avoir toute l'utilité désirable, doit réunir des réprésentants de toutes les branches des connaissances humaines, recueillir les découvertes et concourir au perfectionnement des arts et des sciences. Après bien des hésitations on s'est arrêté à la dénomination d'*Institut*, en ajoutant l'épithète *Egyptien*, afin de rappeler, tout en l'en distinguant, une fondation semblable qui remonte à une époque qui n'est pas loin de nous.

Il y a 60 ans, en effet, qu'a été fondé dans une grande et généreuse pensée, l'*Institut d'Egypte* alors que depuis plusieurs siècles ce pays, un des berceaux du genre humain, était tombé dans un oubli complet. Tout le monde connaît les efforts inouïs que cette société savante a faits pour laisser à la postérité une œuvre digne d'elle, digne de l'intelligence qui a présidé à sa fondation et profitable à la science. Malheureusement l'existence propre de cette société a été d'une courte durée ; mais du moins, en disparaissant du monde, elle a laissé ouvertes des voies que la génération du XIXe siècle explore depuis, avec tant d'ardeur et tant de profit, pour les arts et les sciences.

A une autre époque plus rapprochée de nous encore, ce besoin d'unir les efforts et de travailler dans un but commun, s'est fait sentir de nouveau; une association s'est formée d'abord sous le nom de *Société Orientale*, s'occupant plus particulièrement de linguistique et d'archéologie; mais, peu après sa création, elle a changé son titre et en même temps aussi ses tendances et *la Société Egyptienne* qui lui a succédé n'a eu pour but principal que de rassembler dans une bibliothèque tous les ouvrages qui, depuis les temps les plus reculés jusqu'à ces jours, ont traité des questions qui se rattachent à l'Egypte et aux peuples qui sont venus, aux différentes époques de l'histoire, s'y fixer à côté des indigènes, ou bien à côté des conquérants plus anciens. Le Gouvernement Egyptien comprenant alors déjà l'importance que les monuments historiques de la vallée du Nil présentent nécessairement, quant aux investigations sur les arts et les sciences, seconda généreusement les efforts de la *Société Égyptienne* ; celle-ci est parvenue à créer une des bibliothèques les plus complètes qui existent sur l'Egypte. Mais cette société bibliophile ne vit plus guère que par le souvenir des services signalés qu'elle a rendus aux savants voyageurs qui ont visité l'Egypte.

Et qu'y a-t-il donc là d'étonnant pour nous, Messieurs, qui vivons au milieu de la population flottante de ce pays de voir une si faible vitalité dans ces réunions et dans ces sortes d'associations ? Les éléments dont celles-ci se composaient n'auraient-ils pas été trop exclusivement européens ? Pour rendre des institutions pareilles aussi durables qu'utiles, il fallait songer à en confier les destinées à un élément stable, il fallait les placer sous la protection d'hommes dévoués à la science et y appeler les intelligences du pays, cultivées et élevées au niveau des connaissances actuelles du monde. Le comité d'organisation fait aujourd'hui un appel aux hommes instruits de toute nationalité qui désirent concourir par leurs travaux à l'agrandissement de *l'Institut Egyptien ;* il est heureux de pouvoir déclarer, dès à présent, que le nombre des fondateurs est déjà un gage certain d'une vitalité durable, et que les demandes d'adjonctions nouvelles lui assurent des travaux intarissables.

Il existe une autre cause de longévité pour l'Institut Egyptien, que nous fondons, Messieurs, c'est le choix de son siège à Alexandrie, le centre d'action et de relation des pays du Nil avec les contrées occidentales ; c'est ici que se trouve une colonie assez vivace pour fournir les aliments indispensables à une société savante, quoique cette cité ne soit pas, comme au temps des Ptolémées, un refuge des connaissances anthropologiques ayant une académie, un musée et une bibliothèque célèbre ; quoiqu'elle ait perdu, depuis la fin du xve siècle, depuis la découverte du cap de Bonne-Espérance, ce prestige que son fondateur rêvait pour elle, en la proclamant la reine de l'Orient et de l'Occident, le point central vers lequel convergeaient les produits de l'une et de l'autre extrémité du monde connu. Mais depuis l'avènement même de la dynastie actuelle de l'Egypte, Alexandrie s'est relevée de sa chute ; ses relations du moyen-âge se sont renouées et, placée à la tête du pont qui joint l'Asie à l'Afrique, la Méditerrannée à la mer des Indes, elle est devenue de nouveau, par la multiplicité et l'importance de ses rapports, un centre d'action qui relie l'Occident à l'Extrême-Orient, comme par les témoins historiques tirés de son sein, elle rattache le présent au passé.

D'ailleurs, dans une Société dont la renommée dépendra des hommes distingués et honorablement connus qui sont appelés à la composer, ce n'est pas l'Alexandrin, c'est l'Egyptien, c'est-à-dire l'habitant de l'Egypte qui est convié à y prendre part ; nous voudrions même que l'Institut Egyptien fût une réunion d'hommes instruits appartenant à toute nationalité, à toutes les branches de la grande famille humaine. Il ne doit y avoir ni prédominance ou prééminence de race, ni privilège de castes. L'égalité dans l'intelligence n'est-elle pas complète aujourd'hui ? Notre société ne reconnaît de supériorité qu'à celui qui y apporte une plus grande somme de travaux utiles, et qui concourt le plus efficacement au développement de l'œuvre scientifique et sociale. Que notre devise soit : *Union et Progrès.* Et que nos efforts communs ennoblissent notre blason.

Pour atteindre son but, l'Institut Egyptien appelle à lui toutes les intelligences actives et laborieuses qui sont capables d'un dévouement à une branche quelconque de nos connaissances, et le comité d'organisation s'est efforcé de réunir par un premier choix, les hommes les plus marquants de l'Egypte et désignés déjà, en général, par l'opinion publique. Il ne doute pas que la liste de ses collègues ne grossisse encore au grand avantage de la Société. Les travailleurs nationaux, de même que les étrangers seront jaloux d'avoir l'avis d'hommes spéciaux et désintéressés sur des recherches entreprises, sur des observations à faire ou bien sur des expériences à établir. Et personne de vous, Messieurs, n'ignore que l'Egypte recèle plus d'une donnée indispensable à la détermination des âges du monde et des différentes époques de la vie de l'homme.

Pour travailler efficacement à cette œuvre immense, l'Institut Egyptien a besoin de trouver dans son sein des membres qui apprécient et jugent les faits relatifs à la constitution physique du globe, tels que des géologues, des archéologues, des astronomes et des physiciens; il lui faut des botanistes, des zoologistes, des anthropologistes et des médecins, à qui est dévolue l'observation des phénomènes de la nature vivante, de ceux qui se manifestent dans les végétaux, comme de ceux qui sont propres aux animaux. D'autres membres ont dans leur ressort les œuvres d'imagination et de création de pure intelligence : ce sont des historiens, des littérateurs et des poètes, qui interrogent le passé, embrassent les conditions présentes et étudient la nature de l'homme dans les tendances et la grandeur de sa destinée. Dans ce même département rentrent aussi les linguistes, les grammairiens, nous dirions volontiers philosophes, si tout grammairien digne de ce nom ne méritait pas cette appellation. Qui ne sait combien les derniers travaux de linguistique et de grammaire, sur les langues de l'ancien monde ont déjà servi à élucider des points litigieux d'ethnographie ? Et nous dirons même qu'il est très étonnant qu'il ait fallu arriver presque à la seconde moitié du XIXe siècle pour reconnaître l'infaillibilité des caractères de race puisés dans les facultés intellectuelles de l'homme, par le secours de ses œuvres d'imagination et de raison.

Un Institut qui renferme les éléments que nous avons énumérés, non seulement remplit les conditions scientifiques exigées par toutes les sociétés savantes, et comble une lacune que déplorent depuis trop longtemps déjà les savants qui explorent la vallée du Nil, mais encore il offre au Gouvernement Egyptien toutes les garanties que la science et l'honorabilité peuvent donner à l'appréciation des questions ressortissant à son jugement, et sur lesquelles les institutions semblables de l'Europe sont officiellement et régulièrement consultées.

Depuis longtemps déjà l'instruction élémentaire et même l'enseignement secondaire ou supérieur ont été introduits dans ce pays ; et, si nous ne craignions de blesser l'honorable susceptibilité de plusieurs membres de notre Institut, nous dirions le nom de quelques-uns de ces hommes instruits qui sont sortis des écoles du Gouvernement Egyptien. Mais ce qui manquait jusqu'à présent à cet enseignement, nous pouvons le dire hautement, c'est la sanction que cette institution doit attendre d'une compagnie supérieure, c'est l'exemple, l'encouragement et l'émulation que peuvent seules donner les sociétés régulièrement constituées.

Mais en dehors de ces influences si salutaires restent toutes les questions d'utilité publique, que l'Institut peut avoir pour mission de traiter. En effet, s'agit-t-il d'introduire une nouvelle méthode de l'enseignement, de choisir tel système de préférence à tel autre, c'est évidemment l'Institut Egyptien qui donnerait là-dessus l'avis le plus compétent et le plus impartial. Est-il question d'organiser une exploitation nouvelle, de créer une industrie inconnue jusqu'alors en Egypte, c'est encore l'Institut qui est appelé à éclairer le Gouvernement. Veut-on savoir s'il est possible et avantageux d'enrichir la vallée du Nil d'une espèce nouvelle soit de végétaux, soit d'animaux ? Veut-on connaître les caractères et les remèdes des maladies qui frappent l'homme ou les autres êtres vivants ? C'est encore à l'Institut et toujours à l'Institut à répondre.

Nous dirons, avec un juste sentiment d'orgueil et de satisfaction, que la viabilité et la vitalité de notre œuvre sont dorénavant assurées ; elle compte dans son sein des membres instruits et laborieux ; elle a fixé l'attention des hommes les plus distingués dans les sciences et les arts ; elle a conquis déjà la haute protection de S. A. le Vice-Roi d'Egypte ; et nos travaux, Messieurs, nous vaudront la sympathie de toutes les compagnies savantes de l'Europe, qui s'empresseront d'établir des relations et des échanges avec l'Institut Egyptien.

Notre rang dans le monde et notre importance, qui sont la meilleure garantie de notre existence durable, grandiront avec le degré d'utilité que nous aurons ! Que nos efforts communs, Messieurs, tendent donc sans cesse vers un tel but ! Et n'oublions pas notre devise :

UNION & PROGRÈS.

Les Membres présents composent par acclamation le bureau définitif, pour l'année 1859-60, ainsi qu'il suit :

S. E. KŒNIG BEY, *Président.*
MM. Aug. MARIETTE, *Vice-Président.*
H. THURBURN, id.
Docteur B. SCHNEPP, *Secrétaire.*
C. PEREYRA, *Secrétaire Archiviste.*
ESPINASSY BEY, *Trésorier.*

Vendredi 20 mai 1859

La liste des membres titulaires fondateurs est arrêtée et close avec 47 membres.

Le Président déclare que l'*Institut Egyptien* est définitivement constitué.

Vendredi 9 janvier 1880

L'*Institut Égyptien* décide de transporter son siège au Caire.

Vendredi 13 février 1880

Adoption des nouveaux statuts :

ART. 2. — Le siège de l'Institut est au Caire.

ART. 3. — L'Institut se compose de 50 membres résidant au Caire.

Il nomme en outre des membres honoraires dont le nombre ne peut pas dépasser cent, et des correspondants en nombre illimité, qui peuvent résider en province ou à l'étranger.

II

Vendredi 2 décembre 1898

L'INSTITUT ÉGYPTIEN tient une séance extraordinaire en commémoration du centenaire de l'INSTITUT d'ÉGYPTE.

S. E. YACOUB ARTIN PACHA, Président, prononce le discours d'ouverture suivant :

Il y a cent ans, le général en chef Bonaparte, par un arrêté en date du 3 Fructidor an VI, ordonnait la création au Caire d'un Institut pour les sciences et les arts.

« Cet établissement », disait l'arrêté, « doit principalement s'occuper :

« 1° Du progrès et de la propagation des lumières en Egypte ;

« 2° De la recherche, de l'étude et de la publication des faits naturels, « industriels et historiques de l'Egypte. »

Trois jours après, le 6 Fructidor, l'Institut d'Egypte s'assemblait pour la première fois sous la présidence de Monge. Le citoyen Bonaparte en était le Vice-Président et le citoyen Fourier le Secrétaire Perpétuel.

Le lieu de réunion de cette Société était la maison de Hassan Kachef, qui est occupée aujourd'hui par l'Ecole Primaire à Nasrieh, à deux pas d'ici.

C'était une tradition en France, depuis Richelieu et Colbert, de faire accompagner toute expédition militaire, diplomatique et commerciale, dans les pays lointains et inconnus, et spécialement en Orient, de savants qui étaient chargés d'étudier les pays parcourus par ces expéditions.

Bonaparte suivait cette tradition, mais il fit plus : il donna à cette réunion de savants qu'il emmenait avec lui, l'ampleur que comportait son génie.

Le résultat fut la fondation de cette célèbre société dont les travaux ont produit un monument impérissable de son passage et de ses études en Egypte.

Ce monument, le grand ouvrage : « Description de l'Egypte », est si complet dans toutes les branches des connaissances humaines, histoire, administration, finances, arts, industrie, commerce et agriculture, que tous ceux qui s'occupent de l'Egypte, à quelque titre que ce soit, doivent le connaître d'abord.

Les hommes d'élite qui ont collaboré à cet ouvrage, guidés et stimulés par un des plus extraordinaires génies que l'on ait vus, ont élevé ce monument, matériaux par matériaux, assises par assises, non pas dans leurs bureaux ou leurs laboratoires, à l'ombre de la paix si nécessaire aux travaux de l'esprit de longue haleine, mais au milieu de dangers incessants, des bruits de guerre et de la conquête d'un pays étranger, alors presque inconnu, parmi des morts et des mourants, au milieu d'épidémies et de maladies nouvelles pour eux.

Ils ont travaillé et coordonné leur travail en surcroît d'occupations multiples et des mille besoins d'une armée en campagne dont ils faisaient partie.

En dépit des plus grandes difficultés matérielles, ces hommes dévoués ont trouvé le temps de concevoir et d'élever ce monument impérissable à l'honneur de leur pays et à l'avancement de la science humaine.

Trois ans après sa création, l'Institut d'Egypte disparaissait comme corps constitué, mais les hommes qui le composaient poursuivirent avec la même ardeur la réalisation de leur œuvre qui était de « former un ouvrage d'ensemble de toutes leurs études », comme le leur avait indiqué le général Kléber le 28 Brumaire an VIII.

Enfin, en 1809, la première édition du grand ouvrage sur l'Egypte parut sous l'égide du génie qui l'avait conçu.

Tant de peines et de si magnifiques travaux ne devaient pas rester sans résultats.

Beaucoup de questions avaient été traitées par ces savants ; mais beaucoup d'autres, qu'ils s'étaient posées, restaient à résoudre.

Il fallait pour cela réunir les travaux épars qui recommençaient à se faire jour sous l'impulsion du grand Mohammed Aly Pacha, et sous sa protection.

Vers 1840, une Association se formait sous le nom de « Société Orientale » s'occupant plus particulièrement de linguistique et d'archéologie. Elle fut dotée libéralement et encouragée par Mohammed Aly Pacha.

Quelques temps après, elle changeait son titre et devenait « Société d'Egypte ». Cette Société avait pour but principal « de rassembler « dans une bibliothèque tous les ouvrages, qui depuis les temps les « plus reculés jusqu'à nos jours, ont traité des questions qui se rattachent à l'Egypte et aux peuples qui sont venus, aux différentes « époques de l'histoire, s'y fixer à côté des indigènes ou bien à côté « des conquérants plus anciens ».

En 1859, elle « ne vivait déjà plus que des souvenirs des services « signalés qu'elle avait rendus aux savants voyageurs qui avaient visité « l'Egypte. »

En 1873, ses derniers survivants, Youssef Bey Hekékyan, Linant Pacha de Bellefonds et M. Cany déposèrent les livres réunis par elle à la Bibliothèque Khédiviale au Caire.

Enfin, après ces différents essais qui avaient pour but de continuer les travaux de l'Institut d'Egypte, et grâce à la munificence du Vice-Roi Mohammed Saïd-Pacha, l'Institut Egyptien fut fondé en 1859 sous sa haute protection. Il tint sa première séance le 6 mai 1859 où furent élus comme membres du bureau : S. E. Kœnig Bey, Président : Auguste Mariette et H. Thurburn, Vice-Présidents ; Dr Schnepp, Secrétaire ; G. Pereyra, Secrétaire-Archiviste et Espinassy Bey, Trésorier.

Par un sentiment de modestie qu'on ne saurait trop louer, cette nouvelle Société ne voulut pas prendre le titre de sa grande devancière, elle s'appela « Institut Egyptien » pour bien marquer qu'elle n'était qu'une filiale, si je puis m'exprimer ainsi, de la première Société.

L'Institut Egyptien s'est proposé le même but, d'ailleurs, que l'Institut d'Egypte, et en faisant appel à toutes les bonnes volontés, il a pris pour devise : « Union et Progrès ».

Il n'a pas cessé de travailler et de produire, depuis 1859 jusqu'à nos jours, sous la protection et les auspices de nos Vice-Rois et de nos Khédives.

Les résultats de ses travaux sont déposés à côté de ceux de l'Institut d'Egypte. Comparés aux premiers, ils sont bien modestes ; mais ils ne doivent pas nous décourager : aux noms retentissants des Bonaparte, des Monge, des Lepère, des Berthollet, des Geoffroy Saint-Hilaire et des Jomard, nous pouvons opposer ceux des Jomard (qui fut l'inspirateur de la fondation de notre Société et le trait d'union, si je puis m'exprimer ainsi, entre l'Institut d'Egypte et l'Institut Egyptien), des Mariette, des Maspéro, des Schweinfurth, des Brugsch, des Sickenberger, des Mahmoud Pacha et de tous les savants qui ont illustré notre Société.

Je termine, Messieurs, en faisant des vœux pour que l'Institut Egyptien vive de longues années encore et qu'il fête son propre centenaire en 1959 ; qu'il vive encore pour fêter le deuxième centenaire de l'Institut d'Egypte, en 1998.

Je fais des vœux pour qu'il vive bien plus longtemps encore avec sa devise « Union et Progrès », toujours sur la brèche du travail pour le grand bien des habitants de cette vallée du Nil, de l'avancement des sciences, des arts et de l'industrie en Egypte, et pour le bien-être de l'humanité en général.

MM. les Membres dont les noms suivent retracent les travaux de l'INSTITUT EGYPTIEN

MM.

Abbate Pacha (Docteur). .	Les sciences médicales.
Barois..................	Les travaux publics
Gay-Lussac.............	L'Agriculture et l'Industrie.
Legrain................	Les découvertes archéologiques et l'Institut d'Égypte.
Loret	L'histoire de l'Egyptologie.
Walter Innes Bey	Les travaux concernant la zoologie.
Osman Bey Ghaleb.......	Les travaux botaniques de l'Institut d'Egypte et ceux de l'Institut Egyptien.
Ventre Pacha...........	Les travaux concernant les mathématiques et l'astronomie.

Discours de M. le Dr Abbate Pacha

sur les travaux concernant les sciences médicales.

Réjouissons-nous de ce cycle centenaire pendant lequel se sont développées dans une croissante révolution intellectuelle les nobles aspirations de la science et du progrès. Réjouissons-nous en particulier de ce que ce fécond levain de vitalité nouvelle, qui s'est infiltré dans toute l'Europe, ait levé d'abord en Égypte, et ici même en sa capitale. Car dès que la vaillante pléïade de savants que le chef de l'expédition française amena, se fut mise fièvreusement à l'œuvre pour étudier le pays, ses mœurs, ses habitudes, les connaissances spéciales et les besoins de sa population, l'Institut d'Egypte fut aussitôt créé, formant tout de suite le centre vers où convergèrent les efforts de ces hommes d'élite.

L'Institut d'Egypte fut créé par l'arrêté du 22 août 1798. Il devait être, dans la pensée de Bonaparte, un Institut des sciences et des arts, à l'imitation de l'Institut national de Paris. Lors de la fondation de l'Institut Egyptien, à la fin de 1859, l'Illustre Jomard, qui avait fait partie de l'Institut d'Egypte, fut nommé président honoraire. Cette nomination, — j'emprunte ces derniers mots au mémoire de mon regretté fils Washington « Bonaparte et l'Institut d'Egypte, » — cette nomination fut comme un trait d'union entre l'ancien Institut d'Egypte et votre œuvre. L'institut Egyptien a créé en Egypte un lien entre toutes les nationalités, entre tous les membres de la famille humaine. Ecartant toute idée de prédominance de race, tout privilège de caste, vous avez inscrit sur votre porte : l'égalité devant l'intelligence.

A l'occasion de ce grand événement scientifique — le centenaire de l'Institut d'Egypte, — je ne pourrai que glaner sur un terrain suffisamment épuisé par mes honorables collègues. Mais ce n'est pas trop, et il nous convient qu'on loue des hommes dont la célébrité n'a coûté de larmes à personne et dont les travaux ont agrandi la sphère des connaissances de l'Egype, au profit de sa population et de l'humanité entière. Or, parmi eux, il faut citer d'éminents médecins dont les intéressants travaux ont été consignés dans le grand, le remarquable ouvrage de l'expédition d'Egypte : Larrey, Desgenettes, Savaresi, Bruant, Rouyer.

Les travaux de Larrey, chirurgien éminent, se rapportent à un ensemble de sujets et questions du plus haut intérêt scientifique. Rappelons les plus remarquables : Mémoires et observations sur plusieurs maladies qui ont affecté les troupes de l'armée française et qui sont endémiques en cette contrée. De l'ophtalmie endémique en Egypte, du tétanos traumatique, de la peste. Tous contiennent des observations d'une grande importance. Entr'autres, confirmant ce qu'avaient déjà assuré Galien, Fabrice, de Hilden, Prater, Ingrassia et d'autres auteurs célèbres, il déclare « que la maladie respectait tous ceux qui portaient des cautères bien établis ». C'était là une révulsion, ou un émonctoire. Mentionnons encore les Mémoires sur l'hépatitis, l'atrophie des testicules, le sarcocèle, la fièvre jaune considérée comme complication des plaies d'armes à feu ; la lèpre et l'éléphantiasis ; la petite notice sur la syphilis et sur l'établissement de l'hôpital civil du Caire ; celle sur l'influence du climat d'Egypte sur les plaies où nous notons cette observation : « Nous avons pu admirer avec quelle promptitude se sont guéries en Egypte, les solutions de continuité. » Il est impossible de choisir plus judicieusement et d'exprimer plus clairement les faits capables d'intéresser et d'instruire. Mais de toute l'œuvre de l'illustre Larrey, il est deux travaux plus saillants que je crois devoir signaler, plus particulièrement : « la Notice sur la chirurgie et la médecine des Egyptiens » et le « Mémoire sur le scorbut ».

Dans le premier, en une Notice relative à l'hydrophobie, il dit : « l'hydrophobie ne s'observe point en Egypte, et les habitants nous ont assuré qu'ils n'avaient jamais eu connaissance que cette maladie se fût déclarée chez l'homme ou chez les animaux : cela tient sans doute à l'espèce, au caractère et à la manière de vivre des chiens de cette contrée. Cette race tient beaucoup de celle du renard pour la forme et les mœurs. »

Plus intéressantes encore sont ses observations sur le scorbut : « Il est à remarquer que pendant tout le temps de cette épidémie (le scorbut), il ne s'est déclaré que deux ou trois accidents de peste. Ne peut-on inférer de là qu'une épidémie devient préservatrice d'une autre dans la même contrée ? Ainsi les Égyptiens ont constamment observé que lorsque la petite vérole est épidémique, la peste ne se montre pas ».

Bruant, médecin de l'armée, nous a laissé une étude sur l'ophtalmie régnante, ainsi qu'une notice sur l'emploi de l'huile dans la peste, deux travaux, peut-être faibles sous le rapport de la doctrine, mais très intéressants au point de vue pratique.

La " Médecine des Egyptiens, " de Savaresi, et la notice de Rouyer sur les médicaments usuels des Egyptiens, " le Rapport sur l'Hôpital du Caire " et surtout les tables nécrologiques du Caire pendant les années 1798, 1799, 1800, 1801, publiées par Desgenettes, sont également à consulter avec grand profit.

Mais chez l'illustre Desgenettes, il importe surtout de louer le dévouement pour l'armée, dont il était l'idole. Homme de cœur, sérieux et intègre, il avait dans l'âme cette fierté qui plie difficilement devant les circonstances et surtout devant les hommes. Par sa nature, Desgenettes ne pouvait aucunement transiger avec l'austérité de ses principes scientifiques pour céder au vouloir, aux exigences des grands.

Je regrette vivement que le défaut de temps m'empêche, aujourd'hui, de relater une séance solennelle de l'Institut d'Egypte, au cours de laquelle Bonaparte engageait ses savants collègues, et particulièrement Desgenettes, à favoriser ses idées et ses vues sur les faits de Saint-Jean-d'Acre, où régnait la peste. Mais vous pourrez, Messieurs, en lire le récit complet dans la belle histoire de L. Reybaud. Qu'il me suffise de rappeler ces paroles de Desgenettes à Bonaparte : « Je ne crains aucun ressentiment, et je puis vous dire ce que Philippe, le médecin, dit à un autre homme comme vous, Alexandre : — Mon existence, à laquelle on a pu voir que je ne tenais pas beaucoup, ne peut être désormais compromise. »

Tels étaient les hommes légendaires de cette époque.

D'ailleurs, dans toute leur œuvre et notamment dans les travaux que l'Institut nous a légués sur la médecine, s'affirme leur réelle supériorité. Elle se révèle dans la marche logique de leurs études, dans les conclusions qu'ils en tirent, et même dans les sujets abordés.

Plusieurs causes ont favorisé ce grand essor de la science à l'Institut d'Egypte. C'est avant tout la liberté et la facilité pour chacun de choisir sa besogne et de travailler selon son aptitude et son génie spécial. Il a ainsi été très fécond dans l'ordre des faits démontrés, des vérités découvertes. Les recherches n'étaient pourtant pas toujours aisées et l'œuvre de ces savants fut toute d'abnégation et de persévérance.

Mais, grâce à leurs efforts, le savoir humain a fait de grands pas. Le trait caractéristique de la science depuis le milieu du XIXe siècle est une recherche attentive de l'enchaînement des faits qu'ils découvrirent. De là, dans toutes les branches des connaissances, une évolution qu'on était loin de soupçonner ; de là, le progrès incessant et lumineux.

Désormais, « l'homme, comme le dit Michelet, est dans un chemin d'idées, d'inventions et de découvertes si rapides que le rail brûlant en lance des étincelles. »

Discours de M. J. Barois

à propos des Travaux Publics.

J'ai accepté la lourde tâche d'analyser brièvement devant vous, dans cette séance solennelle de commémoration, la partie de l'œuvre de l'Institut d'Égypte qui se rapporte aux Travaux Publics.

L'Ère des grands travaux destinés à développer la prospérité publique ne s'ouvre guère pour un pays que dans les loisirs de la paix. Aussi est-ce un spectacle digne d'admiration que de voir les savants ingénieurs de l'Expédition française, pleins d'ardent enthousiasme et de robuste confiance dans l'avenir, entreprendre à la suite d'une armée en campagne, au milieu des périls de la guerre, au sein d'une population souvent hostile, les études précises et consciencieuses qui doivent toujours précéder l'élaboration d'un plan général de mise en valeur d'une contrée qui ne vit que par l'utilisation agricole des eaux de son fleuve.

On se mit au travail dès le jour même du débarquement à Alexandrie ; mais les événements ont marché trop vite pour que les Ingénieurs de l'Institut d'Égypte aient eu le temps de laisser dans la vallée du Nil des marques définitives de leur activité soit par des ouvrages exécutés et terminés, soit même par des projets complètement élucidés. Toutefois, sans parler de la contribution que leurs recherches ont apportée à la science générale, ils ont répandu sur l'Egypte le souffle créateur qui vivifie et qui, animant quelques années plus tard le cerveau puissant de Mehemet Ali, a transformé par une poussée vigoureuse, les conditions économiques du pays.

Leur esprit large et éclairé les portait à aborder de front les problèmes les plus importants et les plus ardus. La distribution des eaux du Nil devait naturellement être l'objet de leurs principales études.

« Pour établir, dit Lepère, dans un de ses mémoires, cette distribution si nécessaire des eaux jusque dans les parties les plus éloignées, pour les répandre avec économie lors des crues faibles du fleuve, pour disposer les décharges propres à porter à la mer la surabondance des eaux, pour pouvoir proposer un plan général de distribution des eaux, nous avions rédigé, pour les ingénieurs répartis dans les provinces, une série de questions à traiter et de recherches à faire à cet égard. »

L'élan était donc donné avec le sentiment très net du but à atteindre. Malheureusement, continue Lepère, « déjà plusieurs ingénieurs avaient recueilli des renseignements utiles, mais qui ont été perdus par suite de l'évacuation du pays, sauf ce qu'on en retrouve dans les divers mémoires de nos collègues qui ont été imprimés. »

Regrettons avec Lepère la perte d'une partie de ces travaux, mais constatons aussi combien d'idées et de faits remplissent à profusion les mémoires qui nous restent. Combien aussi de préceptes justes et pratiques y sont formulés ! Pour ne pas abuser de votre attention, je n'en citerai qu'un exemple.

Voici comment l'ingénieur en chef Martin, en raison de la grande quantité de limon contenue dans l'eau du Nil et des envasements qui peuvent en résulter, conçoit l'établissement des canaux d'irrigation. Je cite ses propres mots : « Les grands canaux d'irrigation ne doivent donc pas être considérés en Egypte comme de simples réservoirs auxquels on fait des saignées de dérivation le long de leur cours, mais ce sont des routes ou des tuyaux qui conduisent l'eau dans les parties les plus éloignées. Combien il est donc important que ces routes ne soient pas obstruées et que le fluide puisse les parcourir librement dès qu'il a atteint une de ses extrémités. »

Si ce principe fondamental sur lequel repose aujourd'hui l'irrigation de l'Egypte n'avait pas été méconnu pendant de longues années et jusqu'à ces derniers temps, que de fatigues, que de misères, que de corvées lamentables auraient été épargnées au malheureux fellah !

Relier l'Egypte du passé avec l'Egypte de l'avenir était la préoccupation constante des ingénieurs de l'Institut. Aussi quand, dans leurs savants mémoires, ils étudient le régime du Nil et de ses embouchures, les nilomètres, les canaux en général et le canal d'Alexandrie en particulier, les lacs de la Basse Egypte ou le système des bassins d'inondation ; ou bien encore lorsqu'ils se prononcent sur l'identification du birket Keroun au Fayoum avec le lac Mœris, identification qui, après de longues discussions entre les savants, paraît aujourd'hui devoir être adoptée définitivement, ils joignent toujours aux descriptions et aux observations techniques des aperçus historiques qui prouvent l'étendue de leurs connaissances générales.

Nous retrouvons la même curiosité des choses antiques dans la très importante étude de Lepère sur le canal de jonction de la mer Méditerranée et de la mer Rouge. Là, en effet, le premier souci des ingénieurs fut encore d'explorer, à la lumière des textes grecs, latins et arabes, la région parcourue par les anciens canaux qui avaient relié autrefois le Nil au golfe de Suez. Ils constataient et notaient avec soin les moindres traces imprimées sur le sol par ces ouvrages disparus, se pénétrant ainsi des solutions antiques du problème avant d'en préparer la solution moderne.

Je n'insisterai pas sur les difficultés que, dans cette étude du canal des deux mers, rencontrèrent ces hardis opérateurs dont presque tous les instruments de précision avaient disparu, soit dans le naufrage du navire « Le Patriote », soit dans le pillage de la maison du général Caffarelli lors de la grande révolte du Caire. Ayant ainsi perdu plus précieux de leurs outils de travail, ils ne purent arriver à fixer même approximativement, la différence de niveau des deux mers ; pour eux, la mer Rouge était de près de dix mètres plus élevée que la mer Méditerranée.

Néanmoins, de leurs recherches, est sortie l'étude magistrale d'une grande voie fluviale de navigation entre Alexandrie et Suez par le canal d'Alexandrie, la branche de Rosette, l'ancien canal Faraonieh, la branche de Damiette, le Bahr Moez, l'Ouady et les lacs Amers, avec canal de navigation et d'alimentation partant du Caire et embranchement à travers l'isthme de Suez jusqu'à la mer Méditerranée.

Nous sommes encore loin du projet grandiose qui fut exécuté depuis ; mais c'est déjà un beau résultat que d'avoir, dans l'état de désordre où se trouvait à cette époque le régime des communications intérieures de l'Egypte, tracé la direction que devait suivre le courant commercial d'Alexandrie et du Caire jusqu'à Suez. C'est aussi un titre de gloire que d'avoir fait revivre l'idée de la possibilité de la jonction des deux mers et d'avoir ainsi tiré cette question des limbes de l'imagination et de la tradition historique pour la faire entrer dans le domaine de la discussion et de la réalisation pratique.

Je ne puis terminer ces trop courtes observations sans mentionner au moins un autre travail considérable qui est resté comme un monument des efforts des ingénieurs de l'Institut d'Egypte ; je veux parler de la grande carte d'Egypte, dont les feuilles assemblées, au nombre de quarante-deux, forment un ensemble de 11 mètres de longueur sur 6 m. 40 de largeur, sans compter les cinq cartes de la Syrie et de nombreux plans de villes, parmi lesquels les plans du Caire et d'Alexandrie. Ces documents, qui étaient essentiels pour l'étude des projets d'aménagement des eaux du Nil, ont servi de base première, malgré des lacunes et des imperfections inévitables, à une grande partie des travaux cartographiques entrepris depuis cette époque et ils ont été pendant longtemps la source la plus autorisée à laquelle on a puisé pour connaître la situation des villes et des villages, des digues et des canaux.

On pourrait peut-être sourire en lisant les instructions données aux ingénieurs de la carte : histoire, géographie, beaux-arts, mœurs, populations, industrie, agriculture, ils avaient à porter leur attention sur toutes les branches des connaissances humaines ; ils avaient pour tâche de rassembler dans leurs explorations, en plus des relevés techniques, les éléments d'une véritable encyclopédie sur l'Egypte. Mais il ne faut pas perdre de vue que c'est à cette méthode de travail appliquée par des esprits animés de l'esprit le plus libre et le plus désintéressé de la science, que nous devons le trésor de renseignements et de documents que nous ont laissé les ingénieurs de l'Institut français d'Egypte.

Discours de M. Victor Loret

Sur l'histoire de l'Egyptologie

Dès les temps les plus reculés, l'Egypte a attiré, à cause de son originalité si puissante, l'attention du monde entier. Déjà les poèmes homériques la décrivent comme la terre des merveilles, le pays des enchantements. C'est là que se trouvent les philtres les plus subtils et les magiciens les plus renommés. C'est là, ou tout près de là, en Ethiopie, qu'habitent les dieux, non seulement les dieux égyptiens mais même les divinités du paganisme hellénique. Les Grecs n'ont qu'un rêve : rattacher leurs traditions aux traditions égyptiennes, faire dériver leurs divinités des divinités pharaoniques, trouver sur les rives du Nil les fondateurs de leurs propres villes.

Athènes, nous disent-ils, est une colonie de la ville de Saïs, dans le Delta, et le hibou qui décore les monnaies athéniennes est l'oiseau sacré de Neith, la déesse de Saïs. Le nom même de Neith, grâce à un artifice d'épigraphie, est considéré comme l'origine du nom de la déesse Athêna. L'Osiris égyptien est Bacchus; le dieu Ammon est le Zeus Ammon, dieu des sables du désert libyque. La légende du Sphinx, interrogateur cruel et mystérieux, naît en Egypte. Partout, dans les ouvrages des plus anciens écrivains grecs, se remarque ce besoin de faire remonter la civilisation grecque à la civilisation égyptienne.

Non seulement les littérateurs et les historiens, mais encore les auteurs scientifiques s'efforcent de rapporter tout à l'Egypte. L'astronomie, les mathématiques sont considérées comme des sciences purement égyptiennes. L'écriture, même l'écriture grecque, ce sont, nous dit-on, les Égyptiens qui l'ont inventée. Les vertus médicinales des plantes, ce sont les Egyptiens qui les ont découvertes. Les grandes lois de la science zoologique, de la science botanique, ce sont les sages de Memphis, de Saïs et d'Héliopolis qui les ont fixées et codifiées. En un mot, il n'est presque rien, pour le monde grec, qui ne vienne de l'Égypte.

Et, il faut bien l'avouer, les Grecs ont raison dans la plupart des cas. Que, pour ne citer qu'un seul fait, l'écriture grecque dérive de l'écriture hiéroglyphique, c'est là une question qui n'appelle même plus la discussion. La lettre A, la lettre B, dérivent, par des modifications presque insensibles, des figures d'animaux qui, en égyptien, servaient à exprimer ces deux lettres : un aigle pour le A, un héron pour le B.

La Grèce et, par suite l'Italie, s'imprégnèrent tellement d'égyptianisme qu'un phénomène inévitable de choc en retour se produisit plus tard, lorsque, la science archéologique prenant son essor, on chercha ce que pouvait être l'Egypte ancienne. Ce ne fut qu'à travers les auteurs grecs et latins qu'on essaya de discerner la civilisation pharaonique. Le voile d'Isis fut un péplum ; l'Anubis à tête de chacal fut un chien aboyant, *latrator Anubis*; les neuf divinités qui constituaient le panthéon des grandes cités niliaques furent les neuf Muses et Osiris, le dieu national, fut leur conducteur, l'Apollon musagète.

La façon dont on se représentait l'Egypte rappelle un peu ces statues assez rares dans nos musées, œuvres d'artistes grecs qui ont essayé de traiter des sujets égyptiens, ou bien œuvres de sculpteurs égyptiens qui ont voulu reproduire des personnages grecs. On vient, — entre parenthèses, — de retrouver à Mit Rahînéh, dans les ruines des quartiers grecs, la plus jolie statue de ce genre que j'aie jamais vue. Elle ornera sous peu l'une des salles du Musée de Gizéh. Elle symbolyse admirablement cette Egypte hellénisée que l'on se figura pendant des siècles, cette Egypte que l'on soupçonna à peine Egyptienne.

A l'époque de la Renaissance on commença à étudier l'Egypte, non plus dans les livres grecs ou latins, mais dans la réalité. L'un des premiers récits de voyage en Egypte que l'on connaisse, le premier au moins qui ait été écrit en français, nous a été laissé par Pierre Belon, du Mans, qui naquit dans la seconde moitié du xve siécle. Ce livre a été écrit par un homme qui a visité l'Egypte à loisir, comme on pouvait le faire à une époque où n'existaient ni chemin de fer, ni compagnie Cook. Un voilier traversait lentement et péniblement la Méditerranée et, s'il avait réussi à échapper aux corsaires, déposait le voyageur à Alexandrie, où la colonne de Pompée frappait de suite ses regards. Le voyage d'Alexandrie au Caire se faisait à cheval ou en barque le long de la branche de Rosette. On mettait des semaines à faire le trajet, et l'on courait bien des dangers.

On croira peut-être qu'écrit dans ces conditions le livre de Pierre Belon est une peinture exacte, et non plus hellénisée, de la terre des Pharaons. Il n'en est rien. La colonne de Pompée et son chapiteau corinthien semblent s'être emparés de l'esprit du voyageur et lui avoir, par suggestion, imposé une manière de voir toute spéciale. Il ne voit pas l'Egypte telle qu'elle est. Il la voit comme à travers un verre teinté de toutes les couleurs qu'ont employées les auteurs classiques pour nous la dépeindre. Pierre Belon se trouve en présence d'un crocodile, d'un hipopotame, d'un ibis, d'un papyrus ou d'un lotus. Vous croyez qu'il les décrit tels qu'il les voit? — Nullement. Il les décrit d'après Aristote et Elien, d'après Théophraste, Pline et Dioscoride. Et, — chose amusante et caractéristique, — s'il constate que le crocodile, par exemple, ne répond pas aux descriptions qu'en ont données les naturalistes grecs, vous pensez qu'il s'en prendra à ces auteurs et qu'il rétablira les faits? — Pas le moins du monde. C'est le crocodile qui est dans son tort.. .

Après Pierre Belon, bien d'autres ont visité l'Egypte. De tous les pays venaient des voyageurs ; des livres sur l'Egypte étaient publiés en toutes les langues, surtout en latin, ce qui ne permettait pas de donner aux récits une couleur locale bien tranchée. Partout c'était l'antiquité classique qui reparaissait dans les descriptions, partout des termes grecs ou latins dénaturant et dépaysant les objets.

Prosper Alpin, qui professa à l'Université de Padoue, écrivit plusieurs ouvrages sur l'histoire naturelle de l'Egypte. Il fut moins imbu peut-être d'idées classiques que Pierre Belon, et il eut le courage, qui frisait alors la témérité, de reconnaître qu'il existait sur les rives du Nil des plantes et des animaux qui étaient restés inconnus à Aristote et à Théophraste, et qu'il désigna de leurs noms arabes.

C'est qu'en effet l'histoire naturelle procède par des méthodes trop sûres pour que l'imagination puisse longtemps en fausser les recherches. Quel que fût le désir de Prosper Alpin d'étudier la flore et la faune de l'Egypte d'après les sources grecques, il fut bien forcé de reconnaître que les Grecs n'avaient pas tout dit et qu'il y avait dans leurs ouvrages beaucoup à ajouter et à modifier.

Les amateurs de géographie, surtout, s'offrirent le plaisir d'identifications sans nombre entre les noms de localités arabes et les dénominations de villes tirées d'Hérodote, de Strabon, de Diodore, de Pline, surtout de Ptolémée et des Itinéraires. Les transcriptions des noms arabes étaient maladroites, les leçons des manuscrits grecs ou latins étaient souvent fautives : les identifications ne s'en arrangeaient que mieux.

Norden, un voyageur danois, fut le premier peut-être qui donna une carte complète de l'Egypte, dans un ouvrage orné de belles planches sur cuivre qui font la joie des bibliophiles. Mais, si les cartes présentent un grand intérêt, les reproductions de monuments laissent étrangement à désirer.

C'est en effet l'art qui, dans cette lente étude de l'Egypte, resta le plus longtemps hellénique et conventionnel. On ne savait pas voir. On ne sut voir que beaucoup plus tard, et encore ! voit-on toujours bien aujourd'hui?... Je me souviens d'un dessin publié dans les voyages en Orient de Pockoke. Ce dessin est, soi-disant, la reproduction d'un bas-relief pharaonique. On y voit douze hommes, assis en rang sur deux longs bancs, six à droite, six à gauche. Au milieu, entre les deux bancs, un treizième personnage est assis de face, sous une sorte de pomme d'arrosoir accrochée à un long bâton planté en terre et se recourbant au-dessus de sa tête. On s'attend presque à ce qu'il en pleuve une douche. Peut-être Pockoke y a-t-il vu le Christ et les douze Apôtres réunis dans on ne sait trop quelle salle de *hammam*. Les égyptologues ne peuvent que se demander si c'est un bas-relief horriblement mal interprété, ou un dessin inventé de toute pièce.

Athanase Kircher fut célèbre par ses étranges reproductions de monuments égyptiens. Il copia plusieurs obélisques de Rome, et les copia si mal qu'on a peine aujourd'hui à reconnaître ceux qu'il a voulu copier bien qu'on ait encore la plupart des originaux sous les yeux. Le plus beau est que, bien avant que Champollion eût découvert la clé du système hiéroglyphique, il donna une traduction de ces copies informes. Citer ces traductions serait trop cruel.

En somme, ce n'est qu'au commencement de ce siècle qu'on a su voir l'Egypte, et c'est à cette époque que fut fondé l'Institut d'Egypte. Ce sont les savants de l'Expédition d'Egypte, les fondateurs de l'Institut, qui mirent les premiers de la méthode dans leur exploration du pays. Les quatre volumes qui représentent les Mémoires de l'Institut d'Egypte dans cette première partie de son existence renferment un grand nombre de documents du plus haut intérêt. On y voit en préparation l'œuvre immense de la *Description de l'Egypte*. Histoire naturelle, géographie, monographie sur certains sites antiques, tout y est traité avec cet esprit de liberté et d'indépendance qui caractérise la vraie science. On peut dire que l'Institut a livré au monde savant, dans ces quatre volumes, une mine presque inépuisable de documents de premier ordre. Puis, sur cette première série, l'Institut arrête ses travaux pour ne les reprendre qu'un demi siècle plus tard.

Pendant ce laps de temps, la semence jetée a germé, François Champollion est né. Champollion, professeur à l'Université de Grenoble, a publié ses premiers essais sur la langue copte. Et bientôt paraît son livre immortel, sa mince brochure contenant l'alphabet complet des anciens Egyptiens, cet écrit qui créa l'Egyptologie et dont tout égyptologue doit conserver dans sa bibliothèque un exemplaire à titre de relique très précieuse.

A partir de ce moment, l'égyptologie devint peu à peu ce qu'elle doit être. Au lieu d'étudier l'Égypte ancienne d'après les auteurs grecs, on l'étudia d'après les documents égyptiens. Au lieu d'utiliser presque exclusivement Hérodote pour expliquer l'antiquité égyptienne, on se servit des textes hiéroglyphiques pour vérifier, contrôler et commenter Hérodote.

Quand l'Institut reprit une nouvelle existence, tel le légendaire phénix d'Héliopolis, l'égyptologie voguait à pleines voiles à la recherche des terres inconnues. La résurrection de l'Institut Egyptien coïncida presque avec l'arrivée de Mariette en Egypte.

Pendant les vingt années qu'il vécut sur les bords du Nil, Mariette, au milieu de difficultés sans nombre, fit des découvertes du plus haut intérêt, publia quantité d'ouvrages et fonda le modeste Musée de Boulaq, qui devint plus tard le grand Musée de Gizéh, et qui deviendra bientôt le gigantesque Musée du Caire. Le service des Antiquités était créé.

A la mort de Mariette, quelques jours seulement après la fondation de l'Institut français d'archéologie orientale, M. Maspero lui succéda.

Sous son directorat furent découvertes les momies royales de Deir-el-Bahri. Puis vint M. Grébaut, au nom duquel reste attachée l'importante trouvaille des prêtres d'Ammon. Enfin M. J. de Morgan, dont les heureuses fouilles à Dahshour vibrent encore dans toutes les mémoires et dont les recherches sur l'Egypte primitive étendirent étrangement dans le passé le domaine de l'égyptologie,

Directeurs du Service des Antiquités, directeurs de l'Institut français d'archéologie orientale, tous furent membres de l'Institut Egyptien et tout un monde de savants travailla ici à l'étude de l'Egypte antique.

En somme, on peut définir ainsi le rôle joué par l'Institut d'Egypte, en matière égyptologique.

Ce fut lui qui, dans la première période de son existence, fit la guerre à l'égypto-hellénisme de convention, le vainquit en employant la méthode d'observation directe, enleva le verre de couleur de devant les yeux des observateurs, prépara ainsi des matériaux sûrs pour l'avenir et amena la découverte de Champollion.

Aujourd'hui qu'on lit les hiéroglyphes comme on lit le grec, c'est à l'Institut Egyptien que se centralisent les comptes rendus des grandes découvertes, c'est d'ici que se lèvent et partent vers l'Europe, tels de grandes vagues franchissant la Méditerranée, les vastes mouvements scientifiques qui, de temps à autre, agitent et bouleversent le monde égyptologique, comme par exemple les découvertes de Nagada et d'Abydos.

Et l'on peut affirmer que, si l'existence de l'Institut n'eût pas été interrompue pendant cinquante ans, la découverte du système hiéroglyphique eût certainement été l'œuvre d'un membre de cette savante Compagnie.

Discours de M. G. Legrain.

sur les découvertes archéologiques et L'INSTITUT D'EGYPTE

Pour les antiques philosophes, les premiers des humains qui crurent à l'immortalité de l'âme furent ceux qui peuplèrent les rives du Nil.

C'est là, comme disait Hérodote, qu'habitaient les plus religieux des hommes et les monuments qu'ils élevèrent à leurs dieux et à leurs morts frappent encore d'admiration ceux qui les contemplent après six mille ans d'existence et de longs siècles d'oubli.

Pour l'Egyptien d'autrefois, le défunt laissait, outre son corps périssable, un autre lui même après sa mort, parcelle animée, parcelle humaine qui s'éloignait peu de la momie dans laquelle elle se plaisait parfois à revenir ; c'était le *double* où *ka*.

A ce double, il faut des biens terrestres, l'image de ce que le mort a laissé après lui sur la terre, le beau Nil aux grandes eaux, les champs qui blondissent au soleil, les grands bœufs qui labourent ou qui rêvent, l'ânon qui passe et trotte, les poissons dont les écailles brillent comme un éclair, les hauts palmiers, les grands sycomores sous lesquels, tout en devisant, il est si doux, le soir, de respirer le vent frais qui vient du nord.

Il faut, autour de celui qui n'est plus, que se groupent pourtant encore ceux qui lui furent chers, sa femme bien aimée, ses enfants jaseurs, ses animaux favoris, tout ce milieu qu'il créa et où il vécut ; il lui faut ses intendants, ses domestiques, ses joueurs d'instruments ; il lui faut, tandis qu'il prendra part au festin des morts, que les chants et les danses recommencent, que résonnent les tambours, sifflent les flûtes et tintent encore les crotales.

Les Egyptiens anciens, dans leur piété suprême pour les morts, donnèrent à l'ombre des défunts l'ombre, l'image de ce qu'ils quittaient, et, grâce à cette croyance, chaque tombeau qui s'ouvre rapporte avec lui un fragment de la vie passée.

Aux dieux des bords du Nil, les Egyptiens se montrèrent encore plus dévots et reconnaissants. L'esprit humain demeure confondu devant l'effort énorme, la foi immense qui édifia Philœ, Kom-Ombo, Esneh, Edfou, Louqsor, Denderah et Karnak. Ce ne sont que pylônes gigantesques, portes immenses, hypostyles aux forêts de colonnes, un dédale de chambres aux murs merveilleusement ciselés et gravés, qui, dans d'admirables bas-reliefs, font dérouler devant nos yeux les processions en l'honneur des dieux et les grandes victoires des Pharaons sur les peuples de jadis.

Nous revoyons là quel merveilleux pays fut l'Egypte pharaonique, nous assistons à ses triomphes et à ses gloires au temps de sa suprématie sur le monde.

Mais l'Egypte, comme la Grèce et Rome, vit aussi sombrer son antique splendeur. Voici les invasions qui passent, semant la ruine et la mort. On entend le claquement du fouet, le bruit impétueux des roues, les chevaux qui battent des pieds, les chariots qui roulent et les enfants qu'on écrase aux coins des carrefours. Ecoutez les hommes qui râlent et les femmes qui pleurent et crient en vain à l'aide! Voici de grands tourbillons de fumée qui s'élèvent des temples, des palais et des sanctuaires profanés, les murs qui tombent avec fracas, la terre elle-même qui tremble et l'Egypte antique, morte à jamais, se couche dans son immense linceul de sable.

Aux conquêtes musulmanes des VIIe et VIIIe siècles répondirent les Croisades. C'est l'époque des combats légendaires, l'époque aussi où Joinville, dans la chambre des dames, conte les merveilles qu'il vit en Egypte et la défaite qu'il essuya.

Mais ce n'est que la Renaissance qui vient faire revivre devant nous la terre des Pharaons.

On retrouve Hérodote aux beaux récits, Diodore toujours fécond, Strabon le géographe impeccable, et chacun apprend d'eux le faste des Pharaons (dont nous parlait déjà la Bible) et les merveilles des temples et des Pyramides.

Déjà, au XVIe siècle, Peiresc rassemble quelques antiquités égyptiennes, puis au XVIIe Vansleb, le père Boucher, Poncet, Paul Lucas relatent leurs voyages et le cabinet du roi est fondé. Plus tard Caylus lui lègue ses collections, en même temps que Montfaucon et Kircher tentent l'explication des monuments pharaoniques.

Mais tous ces efforts seraient sans doute demeurés stériles si l'une des conquêtes les plus extraordinaires qu'un conquérant ait jamais rêvée et entreprise ne fût venue fournir la clef de l'écriture hiéroglyphique. J'ai nommé l'expédition de Bonaparte en Egypte.

En quittant la France, Napoléon emmenait avec lui une élite d'ingénieurs, d'antiquaires, d'architectes, d'artistes, de médecins, de naturalistes qui, au milieu des combats, allait recueillir les matériaux de la grande œuvre qu'est la *Description de l'Egypte*.

L'armée battait des mains en voyant pour la première fois les Pyramides ; les savants, eux, après la bataille, posèrent leurs fusils et commencèrent à étudier les vestiges antiques et les monuments splendides que nous avaient laissés les Pharaons. Et, chose remarquable qu'il ne faut pas oublier, la *Description de l'Egypte* est le résultat de l'effort commun de tous tendant vers le même but scientifique. C'est un général, Desaix, qui découvre le zodiaque de Denderah que Jollois et Devilliers (des architectes), puis Denon (un peintre), dessinent ; c'est le capitaine Malus qui reconnaît la bouche Tanitique du Nil, puis, au Fayoum, recherche le fameux Labyrinthe ; c'est enfin le capitaine Brossard qui découvre la fameuse inscription trilingue de Rosette. C'est, encore une fois, la plus grande collaboration que jusqu'alors on ait tentée et menée à bien.

Tant d'efforts ne demeurèrent pas infructueux et, en 1822, le duc de Blacas recevait d'un jeune homme encore inconnu, Jean François Champollion, la grande nouvelle tant attendue : la lecture des hiéroglyphes venait d'être retrouvée.

Après Akerblad, après Young, il s'était appliqué à l'étude de l'inscription trilingue de Rosette et, plus heureux que ses prédécesseurs, grâce à la méthode linguistique admirable qu'il venait de créer de toutes pièces, il etait arrivé à ce résultat, l'un des plus beaux que l'intelligence humaine ait jamais acquis.

Voici que Champollion lit sur les murs des temples le récit des conquêtes de rois dont il découvre les noms oubliés et les prières aux dieux maintenant inconnus.

Et grâce à son génie, grâce à la découverte de la pierre de Rosette, en cent ans, nous sommes arrivés à connaître mieux les joies et les douleurs de la vie égyptienne que celles des habitants de Rome et d'Athènes.

Il n'est, pour ainsi dire, presque aucun texte antique, aucun monument qui ne nous livre ses secrets, et l'histoire de l'humanité, qui voit sans cesse agrandir sa sphère d'action, y trouve de précieux enseignements.

Grâce à la protection éclairée de Méhémet Ali et de ses glorieux successeurs, l'œuvre de la Commission d'Egypte put être poursuivie. continuée et, de même que l'Institut actuel n'est que le successeur de celui que créa Bonaparte, de même, ceux d'entre nous qui s'occupent d'archéologie, ne sont que les continuateurs de la grande œuvre entreprise au milieu des combats, poursuivie aujourd'hui sous les bienveillants auspices de son Altesse le Khédive Abbas II Helmi.

Les premiers qui fouillèrent le sol d'Egypte dans ce siècle furent heureux entre tous et les Musées d'Europe se sont enrichis des merveilles rassemblées par les Salt, les Mimault, les Drovetti, les Passalacqua, les Caillaud, les Thévenat-Duvent. Grâce à eux, grâce aux missions scientifiques de Champollion, de Rossellini, de Lepsius, de Rougé, le terrain archéologique égyptien était déjà assez bien connu quand arriva en Egypte celui qui devait être Mariette Pacha.

Nous voici, maintenant, arrivés à la période contemporaine si riche en efforts scientifiques et en succès si merveilleux.

Après ses fouilles au Sérapeum de Memphis, Saïd Pacha appelle Mariette en Egypte (1858). Le musée de Boulac est fondé, l'Institut Egyptien rénové et, depuis ce jour, nous n'avons plus qu'à suivre les fouilles entreprises par les savants qui se sont succédés à la Direction générale du Service des Antiquités pour avoir le nom des archéologues qui ont illustré l'Institut Egyptien dont ils sont, pour ainsi dire, membres de fondation.

Pendant plus de 20 ans (1858-1881), Mariette fouilla sans relâche le sol fécond de l'antique terre des Pharaons. Edfou et Denderah sont entièrement déblayés, Deïr el Bahari et Medinet Habou entrepris.

Ses champs de fouilles sont célèbres et sonnent comme des noms de bataille. C'est Saqqarah, théâtre de ses premiers exploits sur lequel il revient sans cesse, vivant au milieu de son immense nécropole. C'est Abydos avec ses temples et ses tombeaux, c'est Tanis et ses monuments au style étrange, c'est Thèbes, c'est enfin toute l'Egypte où il organisa le Service des antiquités.

A Mariette Pacha, succéda Monsieur Maspero (1881-1885).

Les Pyramides de Saqqarah sont ouvertes et livrent à l'illustre savant les précieux textes funéraires qu'il sera le premier à publier et à traduire. Le temple de Louqsor commence à sortir de terre et enfin la cachette de Deïr el Bahari livre ce trésor miraculeux entre tous : la série fameuse des momies royales. Et les Thotmès, les Seti, les Ramsès, ces grands conducteurs de peuples, encore enveloppés de leurs bandelettes funéraires, revoient le jour après trois mille ans d'oubli.

C'est un dialogue avec les morts que Lucien de Samosate n'eût pas osé imaginer. Et la réalité de ce rêve est cependant telle, que le moindre visiteur à Ghizeh peut contempler la face toujours altière des anciens souverains de l'Egypte!

A Monsieur Maspero succède M. Grébaut et la série des trouvailles à Deïr el Bahari continue. Ce sont maintenant les grands prêtres d'Ammon qui se font connaître à nous avec tout leur clergé. C'est Médinet Habou qui commence à sortir de terre et à montrer ses admirables bas-reliefs historiques. C'est enfin le Musée de Boulaq, devenu trop petit pour contenir toutes les merveilles qui s'y accumulent chaque jour, qui est transporté au palais de Ghizeh.

Puis M. de Morgan arrive en Egypte. Tout d'abord il fouille au temple de Phtah à Memphis, puis part pour le Saïd où, accompagné de ses collaborateurs, il va entreprendre le *Catalogue des monuments de la Haute Egypte.*

Et pendant que les premiers documents s'accumulent, le temple de Kom-Ombo est déblayé, consolidé et copié entièrement.

Quelques mois après, à Saqqarah, M. de Morgan découvre les tombeaux de Mera et de Kabin, à Abousir celui de Phtah Shepsès et enfin s'installe à Dahchour.

Les fouilles que l'illustre archéologue, durant trois ans, conduisit là, demeureront comme un modèle de science, d'énergie et de persévérance. Le succès couronna tant d'efforts. Vous avez tous vu et admiré les splendides bijoux qu'il y trouva. Ce sont de pures merveilles qu'on voit et qu'on n'oublie plus !

Pendant ce temps, sous sa haute direction, le déblaiement des temples continuait avec le concours de ses collaborateurs dévoués. Louqsor et Médinet Habou étaient terminés, le grand temple de Karnak entrepris et ces superbes monuments au fur et à mesure qu'ils sortaient de terre excitaient l'admiration des voyageurs et fournissent de nouveaux documents aux savants !

Les fouilles de Dahchour terminées, ou plutôt léguées à ses heureux successeurs, M. de Morgan s'appliquait à retrouver les plus anciens monuments des bords du Nil et les deux volumes de « Recherches sur les origines de l'Egypte » qu'il publia, ont lancé les études d'archéologie égyptienne dans une voie toute nouvelle dont les résultats seront féconds pour l'avenir.

C'est à M. Victor Loret que revint l'honneur de succéder à M. de Morgan. Depuis un an à peine ici, il a su, cependant, dès ses débuts, se montrer digne de ses devanciers. Vous avez encore présentes à la mémoire les séances mémorables où il fit part à l'Institut de sa découverte des tombeaux de Thotmès III et d'Aménophis II...

Mais ce n'est, d'ailleurs, pas à moi qu'appartient de louer comme il convient, et mon chef au Musée et mon collègue à l'Institut.

Je n'ai, Mesdames et Messieurs, parlé encore que des membres de l'Institut Egyptien qui se sont succédés à la Direction du Service des Antiquités. D'autres de nos collègues n'ont pas moins illustré notre compagnie. Peut-on oublier le docteur Schweinfurth, le grand Henri Brugsch Pacha, dont les travaux demeurent comme des modèles d'érudition et de science profonde, M. Brugsch Bey, le savant conservateur du Musée de Ghizeh, M. Daressy, son collègue, M. Bouriant, que j'ai le douloureux honneur de remplacer aujourd'hui à cette tribune, et tant d'autres qui, sans en faire leur occupation constante, apportent chaque jour à l'édifice que nous reconstruisons laborieusement leur précieuse collaboration.

L'Institut d'Egypte, on le voit, peut être fier du labeur des archéologues que, depuis cent ans, il a accueillis dans son sein.

Grâce à eux, nous avons remonté le cours des siècles et arrivons maintenant à connaître les premiers balbutiements de l'humanité.

Grâce à eux, aussi, nous entendons maintenant la grande voix qui sort des temples et des tombeaux, grande voix qui nous dit les joies, les douleurs de l'Egypte antique.

L'histoire est là qui recueille et enregistre les profonds enseignements du passé.

Discours de M. le Dr Osman Bey Ghaleb

retraçant les travaux botaniques de L'INSTITUT D'ÉGYPTE *et ceux de* L'INSTITUT ÉGYPTIEN.

La section de botanique fut représentée au sein de l'Institut d'Égypte par Delille et Coquebert. Quoique appartenant à d'autres sections, Reynier et Savigny ont contribué dans certaine mesure aux progrès de la botanique en Égypte. Le premier a publié une monographie du genre Nymphea. Le second a écrit deux mémoires dont l'un traite du Palmier-Dattier et l'autre de la Caprification naturelle et artificielle des figuiers et surtout du figuier-sycomore.

Coquebert, enlevé prématurément à la science par l'épidémie de 1801, n'a laissé qu'un mémoire : « La Comparaison des plantes d'Égypte avec celles de France. » Il est résulté de ses recherches que les plantes qui croissent spontanément sur le littoral et dans les champs cultivés, ont quelque ressemblance dans les deux pays.

C'est à Delille que revient l'honneur des autres publications faites à cette époque sur la flore de l'Égypte. Outre ses travaux sur les Sénés et le *Balanites egyptiaca*, il a publié l'histoire des plantes cultivées et les procédés employés, à cet effet, par le fellah.

Son savant mémoire sur les plantes qui croissent spontanément en Égypte peut être considéré comme le point de départ de toutes les publications ultérieures faites par l'Institut Égyptien dans le domaine de la botanique.

La flore du pays est divisée dans ce travail en plantes propres au limon du Nil et en plantes communes à l'Égypte et à la Barbarie, à l'Égypte et à la Syrie, à l'Égypte et à l'Arabie, à l'Égypte, à la Barbarie et à la Syrie, etc. Sa dissertation sur les plantes du désert est tout-à-fait pleine d'intérêt.

Les plantes du désert, dit l'auteur, s'arment contre la sécheresse en se couvrant de duvet. Un certain nombre d'entre elles se hérissent d'épines et portent des feuilles rudes et quelquefois rudimentaires. D'une façon générale, l'accroissement de ces plantes se fait très lentement. Les plantes grasses ont des racines faibles, mais elles se nourrissent abondamment par le contenu de leurs feuilles. Le suc du parenchyme charnu de ces organes suffit pour faire fructifier les plantes désertiques, malgré l'aridité du terrain dans lequel elles se sont développées.

Les plantes du désert perdent leur duvet lorsqu'elles sont suffisamment arrosées. Les organes qui se transforment en épines dans les milieux arides cessent de l'être, si la plante est convenablement arrosée.

Ces vues furent reprises et développées avec des données tirées de l'anatomie et de la physiologie végétales par le savant botaniste Wolkens dans son travail publié en 1887 (Académie de Berlin).

La « Flore égyptienne » publiée par Delille renferme 1050 espèces environ. Elle constitue à cet égard un progrès sur la « Flore » de Forskal qui n'en contient que 600 seulement.

Les travaux des botanistes, compagnons de Napoléon Ier, furent repris et continués par Figari, Husson, Gaillardot, Deflers, Schweinfurth, Ascherson, Sickenberger, Wolkenson, etc., etc.

Avec les progrès incessants de la botanique, les espèces annuellement introduites et celles nouvellement trouvées et décrites, le besoin d'avoir une nouvelle flore égyptienne se faisait sentir. A cet effet, les résultats de toutes les herborisations faites dans tous les coins et recoins de l'Égypte et ses oasis, furent consignés par Schweinfurth et Ascherson, dans un travail spécial : « l'Illustration de la flore d'Égypte ». Inutile d'énumérer les services ainsi rendus à tous ceux qui s'adonnent à la botanique dans ce pays.

Longtemps avant la publication de cette flore, Figari, dans ses « Études scientifiques sur l'Égypte », publiées en 1864, prenant en considération la variation du climat, la constitution du terrain et le régime des eaux, a divisé notre pays en trois régions botaniques ; la haute Thébaïde, la basse Thébaïde et la basse Égypte. A en juger par les plantes citées, chaque région serait caractérisée par une flore propre outre les espèces de plantes communes aux trois divisions.

La vitalité extraordinaire des plantes du désert, malgré le climat où la chaleur ne manque pas et la sécheresse presque continue du sol a été le point de départ de plusieurs recherches qui ont conduit à des découvertes aussi intéressantes que curieuses.

En 1887, Wolkens, sous les instigations du professeur Schweinfurth réunit le résultat de ses recherches anatomiques et physiologiques sur les plantes du désert, dans un mémoire original où les idées entrevues par Delille il y a un siècle, se trouvent suffisamment expliquées.

Pour que les plantes du désert puissent assurer leur existence et lutter contre un climat et une sécheresse presque mortels, les poils de certaines d'entre elles se sont developpés au point de devenir très épais ; leur structure anatomique s'est modifiée en rapport avec la protection des organes vitaux pour empêcher ainsi une évaporation rapide. Chez d'autres plantes, certaines cellules ou certains tissus se sont modifiés en vue de devenir des organes où l'eau s'emmagasine pour que la plante puisse s'en servir quand la sécheresse devient presque complète. Enfin chez d'autres, les cellules superficielles de l'écorce se sont transformées en vue de sécréter un sel hygrométrique capable d'attirer l'humidité de l'air nécessaire pour l'usage de la plante.

Si les modifications subies par les organes d'une plante ne sont pas assez suffisantes pour la protéger contre les mauvaises conditions du milieu, celle-ci résiste et lutte pour son existence au moyen de bulbes ou rhizomes enfouis dans la terre où les forces vitales de la plante s'emmagasinent pour une longue durée. Ces bulbes se développeront plus tard pendant la belle saison.

Maintenant que je suis sur le chapitre des modifications, je crois utile de rappeler que l'Institut Egyptien s'était occupé des changements et modifications que subissent les graines conservées par les anciens Egyptiens.

Les blés trouvés dans les tombeaux de l'ancienne Egvpte étant devenus très recherchés après leur découverte, et les quantités trouvées ne suffisant pas, le fellah, dans un but lucratif, s'était mis à en fabriquer pour la vente ; et pour ce faire, il mélangeait un cinquième de bonnes graines vivantes de blé brun avec quatre cinquièmes de blé légèrement grillé aux vapeurs de henneh. Un blé ainsi préparé a dû tomber entre les mains de botanistes européens qui, l'ayant semé, ont vu germer quelques graines. Cela a suffi pour donner lieu à la fable que les blés conservés depuis 3.000 ans dans les tombeaux pharaoniques possédaient encore leur pouvoir germinatif. Il est certain que des graines de légumineuses, conservées en herbier depuis deux siècles seulement ont levé quand on les a placées dans des conditions favorables. L'honneur d'avoir dissipé l'erreur de cette fausse germination revient aux savants de l'Institut Egyptien. Ils ont résolu la question en expérimentant sur des échantillons inédits et en découvrant le procédé employé par le fellah trompeur. Le blé de l'ancienne Egypte ne peut donc pas germer, pas plus que les autres graines trouvées dans les mêmes conditions, telles que les graines de ricin, de raisin, de sésébamia, d'orge, de pastèque, de carthamus, etc.

En mars 1882, janvier 1884, juin 1885, le professeur Schweinfurth a communiqué à l'Institut, sous les titres de : «Flore Egyptienne à l'époque des Pharaons», «Dernières découvertes botaniques dans les anciens tombeaux», des recherches traitant des plantes sacrées dont se servaient les anciens Egyptiens tantôt, comme offrandes et tantôt pour fabriquer les guirlandes dont on se servait pour orner l'appareil funéraire de leurs morts.

Les plantes qui entraient dans la composition de ces guirlandes n'étaient pas toujours les mêmes. Elles ont changé selon les lieux, les époques et les personnages. Enfin, la comparaison faite entre ces plantes et celles de la flore actuelle a permis à l'auteur de ces intéressants travaux de déterminer l'origine égyptienne des unes et l'origine exotique des autres. Les conclusions tirées au point de vue historique sont aussi d'une très grande importance : elles établissent les relations que notre pays avait eues, dans l'antiquité, avec d'autres tels que l'Arabie, la Syrie, l'Abyssinie et l'Inde d'où les plantes exotiques sont supposées venir.

Les changements de milieu dus aux variations de la sécheresse et des inondations ont exercé une action sur la viabilité des plantes introduites jadis en Egypte ; aussi une partie de ces plantes historiques a disparu de la flore, une autre s'est retirée vers le haut Nil, enfin une troisième partie s'étant adaptée au milieu ambiant est devenue une partie intégrante de la flore actuelle.

Aucun changement organique n'a pu être signalé entre la structure des plantes pharaoniques et celles d'aujourd'hui.

Rien n'est changé non plus à l'égard des modes de culture et des soins agricoles ; dans les coupes d'offrandes remplies de graines de lin, se trouvent les silicules du *sinapis arvensis* (sénévé) considéré de nos jours comme une mauvaise herbe des champs de lin.

Puisque nous faisons de la botanique historique, il n'est peut-être pas hors de propos de rappeler un fait qui remonte à l'histoire des Croisades. Le professeur Schweinfurth (6 mars 1885), frappé de voir représenter comme rose de Jéricho, sur les armoiries des familles dont la généalogie remonte aux Croisades, l'*Astericus pigmæus* et nullement l'*Anastatica hierochuntica*, a été amené à faire des recherches dans ce sens. Il a été prouvé que ce n'est que plus tard qu'on a étendu la dénomination rose de Jéricho à l'*Anastatica* desséchée, qui partage avec l'autre, la vraie, les mêmes propriétés hygrométriques. Inutile de rappeler les légendes dont l'histoire de ces deux plantes est entourée.

L'épanouissement des branches de l'*Anastatica* exposées à l'humidité ou plongées dans l'eau, serait dû à une différence dans la nature chimique des tissus composant les deux côtés des branches. Quant à l'épanouissement de la vraie rose de Jéricho, il est dû à l'absorption de l'eau par les soies paléiformes de l'aigrette des fruits, contenu dans la capitule (rose de Jéricho).

Le professeur Schweinfurth (19 décembre 1873), étudiant les plantes cultivées en Egypte et qui se trouvent actuellement à l'état spontané au Soudan et au centre de l'Afrique, constate qu'un certain nombre de ces espèces avaient entièrement déserté notre territoire, tandis que d'autres, cultivées actuellement chez nous, telles que le *Lablab vulgaris*, le *Dolichos lobia*, le *Gombo*, la pastèque (*citrolus vulgaris*), le *Luffa cylindrica*, le *Vitis vinifera* (vigne) et bien d'autres, existent là-bas à l'état spontané.

Notre Dattier serait sorti, d'après lui, par voie de modification du *Phœnix spinosa*, de l'Afrique centrale qui serait ainsi la patrie réelle de notre palmier actuel.

En prenant en considération l'ancienneté de la culture de la vigne en Egypte et le haut degré de perfection auquel la fabrication du vin était arrivée, on pourrait, selon l'Auteur, supposer que cette fabrication est d'origine africaine.

Les espèces de plantes cultivées chez nous et qui croissent à l'état sauvage dans l'Afrique centrale, seraient le reste de la végétation primitive. L'homme, en se civilisant, les aurait choisies en les domestiquant pour son usage, comme il a fait à l'égard de certains animaux. Ces plantes seraient ainsi les derniers témoins de la solitude qui régnait autrefois dans ces contrées, avant l'apparition de l'homme. Le climat de l'Egypte paraît depuis avoir perdu les traits caractéristiques qui le rattachaient anciennement à l'Afrique tropicale. De jour en jour les productions naturelles de l'Egypte deviennent de plus en plus septentrionales.

Étudiant une période relativement plus récente de l'histoire de la végétation en Égypte (4 février 1887), le professeur Schweinfurth, dans un travail sur la flore des anciens jardins arabes, cherche à établir l'origine probable des arbres fruitiers, des plantes alimentaires et plantes aromatiques et ornementales et enfin des plantes funéraires.

De la comparaison faite entre la flore des jardins arabes d'autrefois et celle des jardins d'aujourd'hui, il conclut à la pauvreté de la flore actuelle. La richesse de la flore d'autrefois indique, pour le monde arabe, une période historique plus avancée en civilisation et en relations étrangères ; en effet, « par sa position géographique l'Égypte a servi d'intermédiaire aux relations des peuples des trois parties de l'Ancien Monde ; elle est, pour ainsi dire, le point réunissant l'Afrique avec l'Asie et l'Europe. Les traces de l'homme peuvent encore être reconnues de nos jours dans la flore des provinces égyptiennes limitrophes de l'isthme de Suez, par la présence d'espèces asiatiques à l'état spontané. »

Les anciens jardins arabes protègent encore de nos jours, dans les endroits ombragés, certaines mauvaises herbes dont les graines seraient arrivées mélangées avec d'autres utiles comme plantes cultivées. Ces mauvaises herbes forment une flore historique éclairant et l'origine de certaines espèces utiles et les relations entretenues jadis par les habitants de ce pays avec les nations étrangères.

Etendant ses recherches botaniques en dehors de l'Égypte, M. A. Deflers a publié en 1892 un mémoire sur les Asclépiadées de l'Arabie tropicale. Curieuses plantes s'il en fut jamais. « Leurs feuilles, rudimentaires ou nulles, et la forme insolite de quelques-unes de ces plantes font croire à l'observateur qu'il est en présence de produits d'un monde lointain ou des survivants d'une végétation d'un autre âge. »

L'organisation de la fleur, ses complications, la forme variée de certaines parties constituantes, les couleurs et les odeurs de la fleur tantôt suaves, tantôt fétides, ont attiré l'attention de l'auteur sur ces intéressantes plantes. Les phénomènes de la fécondation croisée dans les plantes de cette famille ont donné lieu à l'apparition de caractères adaptifs utiles pour attirer les insectes opérant la fécondation. Tous ces caractères et bien d'autres sont employés par l'auteur pour désigner les différentes espèces anciennes et nouvelles décrites dans son beau mémoire plein d'intérêt pour le biologiste.

En terminant, permettez-moi de vous rappeler que Figari, Gastinel, Eckold, Grégoire, Sickenberger, etc, etc., avaient présenté d'autres mémoires qui, je crois, relèvent plutôt de l'agriculture que de la botanique. J'en laisse le compte rendu à mon collègue chargé de ce travail.

Discours de M. le Dr Walter Innes Bey.

sur les travaux concernant la zoologie.

Parmi les savants dont s'était entouré Bonaparte et auxquels il confia l'étude des vestiges de l'ancienne splendeur de l'Egypte et des conditions économiques, physiques et naturelles de ce beau pays, deux seuls avaient pour mission l'étude de la faune égyptienne ; faune sur laquelle le monde savant n'avait à cette époque que quelques données, inexactes pour la plupart, et qui avaient été fournies, soit par les auteurs anciens, soit par le récit et les descriptions d'un petit nombre de voyageurs peu versés dans l'étude des sciences naturelles et qui n'avaient rapporté de leurs voyages que des observations superficielles sur les formes qui les avaient le plus impressionnés.

Bonaparte, dans la magnifique conception de cette mission, avait confié cette tâche ardue à deux hommes, jeunes encore, mais déjà connus par d'importants travaux et qu'il avait jugés, par l'intuition qui caractérise le génie, aptes à rendre les plus grands services dans l'étude scientifique de la contrée qu'il allait occuper.

Etienne Geoffroy Saint Hilaire, né à Étampes en 1772, n'avait que vingt-six ans lorsqu'il débarqua en Égypte ; mais depuis cinq ans déjà, un décret de la Convention lui avait confié la chaire d'Histoire Naturelle des animaux sans vertèbres, au Muséum, et il s'était déjà signalé par les intéressants travaux qui devaient lui servir plus tard de matériaux précieux pour l'édification de son œuvre capitale, ses « Principes de Philosophie Zoologique », où il établit magistralement la filiation des espèces actuelles avec les formes éteintes. C'était à son énergique impulsion que la Ménagerie devait sa fondation, et le désir de contribuer à enrichir les collections du Muséum lui avait fait accepter avec enthousiasme la mission qui lui fut proposée et qu'il remplit avec un si éclatant succès.

Nommé membre de l'Institut d'Égypte dès sa fondation, Geoffroy Saint-Hilaire contribue à ses travaux et prend une grande part à ses discussions scientifiques, mais nous ne retrouvons de lui, dans les mémoires de l'Institut, que deux communications détaillées : l'une sur *l'aile de l'autruche,* dans laquelle il démontre que si cet oiseau est réduit, pour la marche, à la condition des quadrupèdes, il ne faut pas uniquement en attribuer la cause au raccourcissement de l'aile et à l'état du plumage, mais bien à tous les organes directement ou indirectement employés au vol, lesquels se sont tous modifiés à la fois. L'autre note est relative aux appendices des raies et des squales et nous fournit des observations anatomiques qu'il semble avoir communiquées à seule fin de prendre date et qui lui serviront plus tard pour son grand travail d'ensemble sur l'Histoire naturelle d'Égypte, dans le merveilleux monument scientifique sur lequel vous me permettrez de vous entretenir après vous avoir parlé de Savigny, le collaborateur de Geoffroy, qui l'aida si puissamment dans ses recherches et auquel revient une large part de notre reconnaissance pour la lumière qu'il a jetée sur la faune de ce pays.

Marie-Jules-César Lelorgne de Savigny, né en 1777, à Provins, avait été attaché à Geoffroy Saint-Hilaire en qualité d'adjoint. Très jeune encore, il n'avait pu se signaler que par un voyage en Chine et ce sont en réalité ses savantes recherches en Égypte sur les invertébrés et les oiseaux qui lui valurent sa célébrité.

Il s'adonna, en effet, d'une façon toute particulière, à l'étude des animaux sans vertèbres qui composent la faune égyptienne et c'est à lui principalement que nous devons la connaissance de la plus importante partie de la zoologie de ce pays.

Ses travaux à l'Institut ne sont pas considérables, il est vrai, et les mémoires qui furent publiés à cette époque ne renferment qu'une seule étude d'un ordre tout à fait étranger à ses recherches.

Mais Geoffroy et Savigny ne pouvaient, durant les trois années qu'ils passèrent en Égypte, consacrer ce temps précieux à des travaux et des études détachés ; leur mission avait pour but la recherche des espèces, leur étude et la formation des importantes collections qu'ils devaient publier à leur retour en France et qui figurent dans l'ouvrage scientifique qui fait jusqu'à nos jours l'admiration du monde savant.

La « Description de l'Égypte », cette œuvre monumentale, fut conçue, non pas dans le calme et la tranquillité si nécessaires aux travaux scientifiques, mais bien au milieu des dangers de toute sorte, durant une courte période traversée de combats, de révoltes et d'épidémies qui semblaient comme à dessein fondre sur la Mission pour mettre obstacle à ses savantes recherches et l'empêcher de dévoiler les mystérieuses richesses scientifiques de l'Égypte.

Quand on parcourt les deux Atlas consacrés à la zoologie, qui renferment plus de quinze cents espèces minutieusement reproduites et qui sont l'œuvre des deux savants membres de l'Institut d'Égypte, on reste saisi d'admiration et d'étonnement devant la richesse des matériaux qu'ils ont su rassembler, étudier, décrire et représenter avec une si grande précision dans les détails.

Un siècle s'est écoulé depuis la publication de ces savants travaux qui ont coûté la vie à Geoffroy aussi bien qu'à Savigny qui finirent leurs jours dans la cécité la plus complète. Un siècle fécond en recherches et en travaux dans les sciences naturelles n'a pas ébranlé l'édifice scientifique qu'ils nous ont laissé et qu'il nous faut toujours visiter avant d'entreprendre une étude sur ce beau pays du Nil.

Le marbre et le bronze, qui servent à perpétuer le souvenir et la renommée des grands hommes, ne sont point nécessaires aux savants qui composaient la Mission Scientifique de l'Égypte ; ils se sont chargés eux-mêmes, sans le rechercher, d'élever le monument impérissable qui les a fait passer à la postérité et qui fut, pour l'Égypte, le point de départ de toutes les études scientifiques auxquelles il incombait aux membres de l'Institut Égyptien de se livrer pour continuer la tradition de leurs illustres prédécesseurs.

Les sciences naturelles ne furent point négligées par les successeurs des Geoffroy et des Savigny ; si les Bulletins et les Mémoires de l'Institut Égyptien abondent en travaux d'une grande valeur, dus à l'érudition des savants archéologues, des arabisants, des médecins, des chimistes qui se sont succédés et qui illustrent encore notre Société, nous pouvons également citer avec fierté les études zoologiques et paléontologiques qui ont été poursuivies au sein de notre compagnie et qui ont contribué dans une si grande mesure à la connaissance de la faune et du sol de l'Égypte et des pays limitrophes.

Je n'ai pas à mentionner ici tous ces travaux qui sont consignés dans les Bulletins de l'Institut Égyptien ; mais je dois citer le nom de nos collègues qui se sont plus particulièrement occupés de ces deux branches.

Antonio Figari bey, à qui nous devons les premières cartes géologiques des terrains qui nous intéressent à tant de points de vue différents. Le professeur Schweinfurth, qui, en outre de ses précieux travaux sur la botanique, a trouvé le temps nécessaire pour parcourir tous les déserts qui nous environnent et nous a renseignés sur les localités, les gisements et la formation des couches qui représentent notre sol. Walther, Mayer-Eymar, Sickenberger et Fourtau nous ont apporté des observations d'une grande valeur qui ont fait faire un grand pas aux conaissances que l'on possédait sur la paléontologie égyptienne.

Les études helminthologiques, que Bilharz avait commencées en Égypte, ont été brillamment poursuivies par Sonsino, Piot, Osman Ghaleb, Loos. Ce dernier qui s'est spécialisé dans cette étude, a déjà fait paraître dans nos mémoires un travail du plus haut intérêt et continue toujours ses savantes recherches sur cette classe d'animaux qui, par leur genre de vie et les ravages qu'ils causent chez l'homme et les animaux supérieurs, la font entrer en quelque sorte dans le domaine de la médecine.

Le professeur Panceri a exposé le résultat de ses intessantes et savantes expériences sur les effets du venin de la vipère céraste, de l'aspic, de l'échys et de la chaetopelma et a démontré l'immunité dont jouissait l'ichneumon vis-à-vis de ces venins.

Jousseaume et Carl Vogt ont fait ressortir l'avantage scientifique considérable qu'offrirait, pour l'Egypte et tous les pays d'Europe, l'établissement d'une station scientifique sur les côtes de la Mer Rouge, qui permettrait l'étude dans la faune marine, d'une foule d'animaux si peu connus.

Les études anthropologiques sur les races égyptiennes, auxquelles Mariette, Reill, Pruner, Schweinfurth et Fouquet se sont livrés, ont jeté un jour nouveau sur cette importante question du préhistorique sur laquelle les savants ne sont point d'accord.

Toutes ces études démontrent que les membres de l'Institut Egyptien, inspirés des travaux de leurs illustres prédécesseurs, se sont appliqués à suivre leur exemple et la tradition de l'ancien Institut d'Egypte.

Voilà, Messieurs, ce qu'il était de mon devoir d'exposer, aussi brièvement qu'il m'a été permis de le faire, dans cette séance consacrée à la commémoration de la fondation de l'Institut d'Egypte. Rendre compte des progrès accomplis dans l'institution scientifique et intellectuelle qu'ils ont fondée, c'est faire ressortir l'importance et la grandeur de la mission qu'ils s'étaient tracée ; c'est dire qu'elle n'a pas périclité ; c'est rendre, enfin, le plus éclatant hommage à la mémoire des savants qui créèrent l'Institut d'Egypte.

Discours de S. E. Ventre-Pacha.

Sur les travaux concernant les mathématiques et l'astronomie.

Je suis chargé de vous parler des travaux scientifiques de l'Institut d'Egypte, section « Mathématiques et Astronomie », et d'étudier devant vous de quelle façon, en ces matières, l'Institut Egyptien a pu être fidèle aux traditions laissées par les Monge, les Fourier, les Jomard, les Nouet, les Costaz, les Girard, les Lepère, les Leroi, les Malus, les Quesnot, les Say, les Lancret, les Remi-Raige, les Jollois et Devilliers, les Jacotin, les Coutelle, toute cette brillante pléïade, enfin, de savants illustres qui faisaient partie de l'Institut créé par Bonaparte.

Après la citation de tels noms, je ne ressens que trop le poids de l'honneur qui m'est fait, et suis effrayé de la lourde tâche qui m'incombe. Cependant un espoir me soutient, une consolation me reste : le règlement m'alloue dix minutes pour m'occuper devant vous d'un tel travail; je n'aurai donc ici qu'à l'effleurer. Mais je n'en réclame pas moins toute votre indulgence pour le rapide exposé, que je vais tenter de faire, des traits les plus caractéristiques de l'histoire des sciences pures cultivées dans cet Institut.

A tout seigneur, tout honneur : Monge, le premier Président de l'Institut d'Egypte, doit nous arrêter tout d'abord.

C'est ce savant célèbre, vous le savez, qui créa la géométrie descriptive alors qu'il professait à l'Ecole du Génie de Mézières ; vous savez aussi qu'il lui fut interdit de continuer son cours et de divulguer ses nouvelles méthodes, de peur qu'elles ne servissent à l'étranger pour la construction des fortifications ; ne pouvant alors, par ordre, se servir des procédés de géométrie descriptive pour étudier la forme des corps et leurs positions respectives dans l'espace, c'est-à-dire de la méthode de projections qui lui avait fait résoudre les questions les plus difficiles de la géométrie, il traita ces mêmes questions par l'analyse transcendante ordinaire.

C'est là un de ses plus beaux titres de gloire.

En Egypte, Monge fut un des principaux rédacteurs de la « Description de l'Egypte »; il donna à l'Institut, qu'il présidait avec le général Bonaparte pour vice-président, de nombreux et remarquables mémoires, parmi lesquels son explication du mirage, devenue classique.

Mais la plupart des mémoires scientifiques de Monge qui, suivant l'expression d'Arago, *faisait de l'algèbre avec de la géométrie,* ont traité des mathématiques pures, et l'on ne peut dire que l'Institut Egyptien s'en soit beaucoup préoccupé après lui ; rien d'étonnant à cela, du reste, puisque notre Société, d'après ses statuts, ne peut guère s'occuper que d'applications en rapport direct, immédiat, avec les intérêts matériels du pays, ou de questions de sciences pures intéressant particulièrement l'Egypte.

Cependant, il s'est trouvé l'un de ses membres qui, directeur de l'Ecole Khédiviale de Droit, charmait ses loisirs par des recherches de mathématiques transcendantes. Vous l'avez tous nommé, Vidal Pacha, qui nous a laissé un grand nombre de mémoires du plus haut intérêt : — sur les foyers dans les sections coniques; — sur une méthode simple pour déterminer les maxima et les minima d'une fonction quelconque ; — sur la résolution des équations numériques ; — sur les courbes du quatrième degré qui ont un point triple; — sur les courbes du quatrième degré qui ont un centre en un point double : — sur la représentation des polygones algébriques par des déterminants ; — sur la séparation des racines des équations numériques, relation entre le théorème de Sturm et celui de Maleyx ; — sur un mémoire sur le réseau pentagonal d'Elie de Beaumont; — sur les courbes du quatrième degré qui ont un point triple (nouveau mémoire) ; — sur les courbes du quatrième degré à trois points doubles ; — sur la meilleure marche à suivre dans un enseignement rationnel de l'arithmétique et de l'algèbre ; — sur les fonctions de Sturm ; — sur les quantités dites « négatives et imaginaires » et les quaternions ; — sur les accélérations ; — sur une expression nouvelle du rapport de la circonférence au diamètre ; et d'autres travaux que j'ai trouvés enfouis aux archives de notre Bibliothèque. — Ces mémoires, et non des moins intéressants, n'ont jamais été publiés, quoique des communications en aient été faites par Vidal lui-même, sous son secrétariat. — Nous avons tous gardé souvenir de ce savant qui, aux connaissances les plus étendues, joignait une modestie exquise. J'émets le vœu que ces travaux soient sortis, au grand jour, de l'éternel oubli qui les menace.

On trouve encore dans ces archives : Un problème de géométrie de position : « Marche du cavalier au jeu des échecs » et, comme corollaire de la méthode exposée, le problème, bien autrement compliqué, du « Cavalier se mouvant dans l'échiquier, cubique de 522 cubes » par de Chambure : on y trouve encore une « Formule à deux termes pour le contrôle du combustible dépensé dans les machines élévatoires d'irrigation » par Ventre Bey et une « Expression algébrique du deuxième degré, relation entre la température et la teneur en sucre des sirops d'usine, applicable à la cristallisabilité des masses sucrées industrielles », du même auteur.

Aprés le président, passons au secrétaire de l'Institut d'Egypte, puisque le vice-président, s'il nous a laissé le souvenir de ses actes, celui de hauts faits de guerre et de civilisation pendant cette courte mais si prodigieuse campagne, militaire et scientifique qui a nom : « Expédition française d'Egypte », ne nous a pas laissé d'écrits, en ce qui concerne, du moins, la section dont j'ai à m'occuper, celle des Mathématiques où, cependant, l'on trouve inscrit le nom de Bonaparte.

Fourier, qui fut secrétaire perpétuel de l'Académie des Sciences et membre de l'Académie Française, rédigea l'introduction au grand ouvrage publié par l'Institut d'Egypte et fit un grand nombre de mémoires où éclatent ses talents de littérateur aussi bien que de mathématicien. Il est surtout connu, en physique mathématique, par ses beaux travaux sur la « Propagation de la chaleur », appelée pendant longtemps, fort improprement, « Théorie de la chaleur ». Ces travaux de Fourier sont basés, d'une part sur une donnée empirique, la loi de Newton, et d'autre part sur l'hypothèse qu'il fit qu'une molécule, quand elle a reçu une radiation, s'échauffe et peut alors rayonner dans les espaces intermoléculaires. Les résultats qu'obtint Fourier furent appliqués par le physisien Ohm à l'électricité

C'est ainsi que, grâce à l'analogie invoquée par ce dernier entre le mouvement de l'électricité et celui de la chaleur, les classiques « Problèmes du mur et de la barre » de Fourier servirent de point de départ à la conception de la fameuse loi, dite « Loi de Ohm », vrai fondement, on peut dire, de l'électricité industrielle par l'usage courant de quelques formules électriques, très simples, qui ont été la conséquence de cette loi.

Nous avons eu l'occasion de reprendre personnellement les calculs de Fourier afin d'étudier, par analogie aussi avec la chaleur, les pertes superficielles d'un fil électrique, non isolé dans l'atmosphère, suivant des degrés hygrométriques différents de l'air ambiant, ou imparfaitement isolé soit dans l'atmosphère soit dans le sol ; nous avons pu ainsi évaluer l'importance de ces pertes et en déduire la modification profonde de certains rendements industriels admis ordinairement, à l'occasion de projets présentés à notre Société, sur de grands transports de forces, à de *bien longues* distances.

Après Monge et le grand mathématicien-physicien Fourier, ce serait bien ici le lieu de parler du grand chimiste Berthollet ; mais ce serait aussi empiéter sur le champ voisin, la section, soit de *l'Histoire naturelle*, soit de *l'Agriculure* et *Industrie*, dont je ne suis pas chargé.

Mais, sans sortir du domaine des *Mathématiques et de l'Astronomie*, je puis vous entretenir encore de plusieurs membres de l'Institut d'Egypte dont les travaux ont été continués pas nos collègues de l'Institut Egyptien.

L'astronome en chef de l'Expédition d'Egypte, c'était Nouet. Parlons d'abord du résultat de quelques calculs relatifs à la détermination de l'âge de certains monuments astronomiques de l'ancienne Egypte. Ce savant calculateur et les Remi-Raige, Jollois Devilliers et Fourier mirent souvent leurs lumières en commun pour cette détermination.

On sait que les dates ainsi obtenues pour l'ancienneté de deux temples (Dendérah et Esneh) ont été reconnues fausses par nos égyptologues modernes, c'est-à-dire depuis la découverte de Champollion, par la lecture même des inscriptions hiéroglyphiques ; d'où l'on avait conclu que l'astronomie ne pouvait rendre aucun service à l'égyptologie.

L'Institut actuel a eu à s'occuper de cette question ; nous avons pu reprendre les calculs de Nouet pour Dendérah, grâce à une note qui a été communiquée par cet astronome à Volney, et qui se trouve publiée tout au long dans les œuvres de ce philologue (un dessin du Zodiaque *carré,* reproduction à une très petite échelle de celui connu, peint au plafond du péristyle de ce temple, est joint à la note renfermant les calculs). — On pouvait faire d'autres hypothèses que celles indiquées dans cette note, ce qui aurait changé les données premières du problème et, surtout, modifié la valeur à attribuer à la dépression du soleil sous l'horizon du lieu pour répondre au lever héliaque de l'astre Sirius (Sothis-Isis dans le ciel représenté) ; les Décans, relevés exactement sur place, pouvaient bien être pris comme échelle de la représentation astronomique.

Bref, nous sommes arrivés à fixer la date de la construction de ce Zodiaque, considéré comme représentant bien le ciel de l'époque, au règne de Cléopâtre, c'est-à-dire au temps des premiers Césars, au lieu de la faire remonter à 2.053 ans avant J.-C., comme l'avaient fait nos illustres prédécesseurs.

Un autre calcul, basé sur la variation séculaire de l'obliquité du plan de l'écliptique sur l'équateur, et notre interprétation du signe hiéroglyphique *Khekht,* nom sacré de l'antique Syène, dont l'idéogramme n'est autre que l'équerre du maçon avec son fil à plomb vertical, nous ont permis de faire remonter l'âge primitif du temple de Khekht (Syène) c'est-à-dire la date de la construction première de l'ancien temple d'Assouan, à une époque bien antérieure aux Ptolémées, que nos égyptologues modernes n'ont pu contester et que, d'ailleurs, l'un de nos savants collègues, l'égyptologue M. Grébaut, avait ici même acceptée.

Ces sortes de recherches nécessitent doubles connaissances : en sciences exactes et en égyptologie. Les savants de l'Expédition française, certes, possédaient les premières, mais cette dernière était toute à créer.

Un érudit, l'un des esprits les plus distingués de la fin du siècle dernier, le savant philologue Volney qui était en même temps archéologue, mais à qui les connaissances spéciales de l'astronome faisaient souvent défaut, disait : » Si quelque jour un homme doué de talent unit aux connaissances des sciences exactes l'érudition de l'antiquité, cet homme apprendra à son siècle bien des choses que la vanité du nôtre bien souvent empêche de connaître. »

Quoi qu'il en soit des erreurs commises et des polémiques plus ou moins ardentes qui s'en sont suivies, la science n'en doit pas moins aux savants de l'ancien Institut, cités précédemment, bien des études du plus haut intérêt, grandes dissertations, discussions ou simples remarques (1), sur les représentations astronomiques de tous les tableaux rencontrés dans les temples, et sur le système métrique des anciens Egyptiens, ainsi que de grands mémoires tels que ceux de Fourier : « Sciences et Gouvernement de l'Egypte » « Monuments astronomiques de l'Egypte » et l'œuvre, magistrale aussi, de Remi-Raige : « Zodiaque nominal et primitif des anciens Egyptiens ».

La science doit aussi à Nouet, à Jacotin, à Coutelle et autres membres dont je n'ai pas les noms, une foule de relevés astronomiques, opérations dans le Ciel et opérations géodésiques. A l'archéologue-ingénieur-géographe-métrologue Jomard sont dues encore, outre plusieurs cartes de l'Egypte, outre les travaux se rattachant spécialement à la géographie dont ils embrassent toutes les branches, et dont je n'ai pas à m'occuper, des recherches fort importantes sur les lignes numériques des anciens Egyptiens, leur étalon métrique, leurs coudées, les calendriers et toute une série d'observations et de mémoires scientifiques sur l'Egypte ancienne et moderne dont l'énumération seule serait bien longue.

Dans la voie tracée par les savants que je viens de nommer, ceux-ci out été suivis par un grand nombre de membres du nouvel Institut. Je citerai : Linant de Bellefonds ; Mahmoud Bey et Mahmoud Pacha El-Falaki; Ismaïl Pacha El-Falaki; d'Abbadie; Jordan ; Saber Bey Sabry; Chéfik Bey Mansour ; Trévisan ; Vito (plusieurs mémoires sur les «étoiles filantes et l'origine des météores cosmiques») ; Franceschi (de la couleur du disque solaire à l'horizon sur le désert et sur la mer).... et nombre d'autres auteurs de mémoires ou communications du domaine plutôt de la physique, se rattachant plus ou moins indirectement à l'astronomie, et du nombre : un beau mémoire de M. Barois sur le « Climat du Caire» et ses communications sur la «température et l'humidité relative dans plusieurs villes de la Haute et Basse-Egypte », auxquelles nous devons joindre toutes les observations météorologiques des Schnepp, Aubert-Roche, Mahmoud Bey, Ismaïl Bey, Colucci Bey, Abbate Bey, des temps passés.

Sur les calendriers, l'hémérologie, la gnomonique : Floyer ("cadrans solaires primitifs de la Haute-Egypte") ; Ventre Bey (" formule pour convertir une date chrétienne en date musulmane, et réciproquement") du même auteur : ("Essai sur les calendriers égyptiens"," De l'année vague et de quelques nombres mystérieux des anciens Egyptiens"); Bouriant et Ventre Pacha («Tables Horaires coptes»); Artin Pacha (plusieurs communications et observations sur le calendrier des Coptes et autres calendriers orientaux) ; Ventre Pacha et Artin Pacha («Héméro-

(1) Ces polémiques entre archéologues et astronomes, ravivées par les travaux de Biot «sur plusieurs points de l'astronomie égyptienne (1823)» duraient encore après la mort de Biot et de Jomard (1862).

loge simplifié avec applications à la chronologie», et à la rectification de quelques dates historiques, *dont celle que nous fêtons aujourd'hui.*

Me voici parvenu à la fin du programme que je m'étais tracé : une revue rapide, des exposés sommaires, quelques aperçus écourtés; c'est, certes, là un discours fort incomplet, mais qui n'en a pas moins fixé vos esprits, retenu votre bienveillante attention au-delà du temps réglementairement imposé.

Je vous remercie d'avoir bien voulu m'écouter jusqu'au bout.

COUP D'OEIL RÉTROSPECTIF

SUR L'AGRICULTURE ET L'INDUSTRIE EN ÉGYPTE

AU XIXe SIÈCLE

Messieurs,

J'avais accepté pour mission, à propos du centenaire que vous avez si brillamment célébré, de faire revivre au milieu de vous le souvenir de ceux qui, spécialement, s'attachèrent aux études agricoles et industrielles parmi les membres de l'Institut d'Égypte et de la Commission des Sciences et des Arts; de rappeler leurs noms, leurs travaux; et d'indiquer, sans prétendre à la plus lointaine comparaison, la contribution modeste, mais utile, apportée aux mêmes objets par les membres de l'Institut Égyptien; résumant ainsi en un rapide exposé cette période de cent ans si particulièrement fructueuse pour l'industrie et l'agriculture égyptiennes. J'ai bien dit, cette période, car la période est une et la fin de ce siècle est soudée à la fin du précédent par un lien puissant dont on ne peut méconnaître les points d'attache, par l'œuvre de Mohammed-Ali et de ses successeurs.

J'ai eu beaucoup de noms à prendre dans la brigade savante, sorte d'Institut de campagne, d'État major encyclopédique qui faisait cortège au vaste génie de Bonaparte, et qui contribua si largement à donner à l'expédition de 1798 ce caractère unique d'œuvre utilitaire et féconde qui fait généralement défaut aux entreprises militaires, et qui justifie à travers les âges, et devant le monde entier, la place si considérable que celle-ci a prise dans l'histoire. Mais tous ces noms vous sont connus, car ce sont de grands noms que vous avez entendu répéter avec respect et fierté dès votre enfance : en compagnie de ces noms familiers, votre imagination me suivra sans efforts, comme si je parlais d'hier, à travers les dissertations auxquelles présidait la froide mathématique de Monge, que Bonaparte écoutait avec intérêt et dans les quelles dominait la voix puissante de Berthollet. Ces dissertations, auxquelles prenaient part tous ces hommes déjà illustres, ou en passe de le devenir, ne nous ont pas été, malheureusement, conservées en détail ; mais nous en avons un résumé fidèle et comme un écho dans la « Description de l'Égypte ». et par le nombre et l'étendue des mémoires qui ont pris place dans ce monumental ouvrage, on peut juger facilement de l'intérêt et de l'importance que l'Institut d'Égypte avait, à juste titre, accordé, dans ce pays, à l'agriculture et aux industries qui en découlent directement, ou sur lesquelles elle prend un point d'appui.

Parmi les membres de l'Institut d'Égypte et les adjoints de la Commission des Sciences et des Arts, vingt-cinq furent désignés pour s'occuper de ces questions. C'étaient, je cite au hasard de la rencontre, Jomard, tout jeune, puisqu'il a pu être plus tard des nôtres ; Boudet, pharmacien en chef de l'armée, Coutelle, Rozière, ingénieur des mines, Malus, le général Andréossy, Berthollet, Descostils, Rouyer, du Bois-Aymé, Jollois, Martin, Devilliers, Cécile, Reynier, Delille, Lepère, Conté, Chabrol, Garcin, Caudière, Caffe, Bourgent, et enfin Girard, ingénieur en chef des Ponts et Chaussées. Ils se partagèrent la besogne par catégories et le pays par régions ; chacun prit pour sujet d'étude ce qui rentrait le plus immédiatement dans la sphère de ses connaissances et de ses aptitudes, et tous s'épandirent sur l'Égypte à la suite de l'armée, curieux d'étudier le présent et soucieux de préparer l'avenir. Ils se hâtèrent et dans leur ardeur se firent souvent rappeler à l'ordre par les chefs de corps, auxquels ils donnaient de perpétuelles préoccupations, tantôt s'aventurant au-delà des avants-postes, tantôt s'attardant et forçant l'arrière-garde à revenir sur ses pas à leur recherche. Bientôt les mémoires affluèrent. Quelques mois suffirent à recueillir les matériaux nécessaires à l'établissement de cet admirable rapport d'ensemble sur l'agriculture, l'industrie et le commerce d'Égypte dont la rédaction fut plus tard confiée à Girard. Monument si complet et d'allure si magistrale qu'après cent ans passés on ne saurait trouver plus, ni mieux, à dire sur le sujet, et qu'il a gardé un caractère frappant, non seulement de vérité, mais d'actualité.

Tout avait été vu, noté, jugé, en basse, en moyenne et en haute Égypte, dans le Fayoum, dans la vallée des lacs Natroun et jusque dans la presqu'île du Sinaï.

On rencontre tout d'abord dans ces mémoires une préoccupation constante de ne rien laisser échapper à l'observation, et de décrire avec une exactitude rigoureuse et une abondance de détails qui, à distance, paraît superflue. — Mais, insensiblement, le ton se hausse, l'horizon s'élargit, le débat s'élève, un coin soulevé de l'épais rideau qui cache encore l'antiquité égyptienne nous laisse entrevoir le passé ; de cette comparaison la pensée se dégage enhardie, et un rapide éclair perçant la brume des années nous fait nettement percevoir ce que l'avenir peut être, ce qu'il sera en réalité.

Vous pensez bien, en effet, Messieurs, que si les travaux des savants, venus alors en Égypte, n'avaient été que descriptifs, en ce qui concerne l'agriculture et l'industrie telles que les laissaient les Mameloucks, ils seraient aujourd'hui d'un très médiocre intérêt rétrospectif, et serviraient seulement à souligner, dans les annales du pays, une phase de dépression misérable.

L'agriculture, à proprement parler, n'existait pour ainsi dire pas, ou du moins n'existait plus. Si, dans la nomenclature des plantes cultivées, nous reconnaissons les noms avec lesquels Makrizy nous a familiarisés, et que nous retrouvons encore aujourd'hui, il s'en faut de beaucoup que les surfaces mises en culture, et les rendements, répondent à l'attente d'un économiste et justifient les traditions anciennes. Nous sommes loin de l'époque pharaonique, plus loin encore de l'époque des Califes.

On cultive l'orge, les fèves, le blé, le maïs, le sorgho, le lupin, la lentille, le pois-chiche, le riz, le chanvre, le lin, le coton, le colza, la laitue, le sésame, le carthame, le trèfle, le fenu-grec, la gesse, le pois-des-champs, le tabac, la canne à sucre, les oignons, les pastèques, les melons, les roses, la vigne et nombre de plantes potagères; mais à part ce qui se cultive sans peine dans la boue du Nil, après l'inondation, les quantités ensemencées suffisent à peine aux besoins locaux, si restreints qu'ils soient. Telle région n'est cultivée que sur la moitié de son étendue faute de moyens de culture. Telle autre, sur 10,000 feddans ne se prête pas à plus de 80 à 100 feddans de culture d'été.

Les méthodes d'arrosage sont aussi insuffisantes que pénibles; la culture de la canne, de l'indigo, couvre des espaces infimes; le chanvre n'est cultivé que pour la préparation du hachich; le lin et le carthame ne sont plantés qu'en bordure de quelques champs; le coton dans la basse Égypte se fait dans des proportions de jardinage, en haute Égypte on le laisse filer en arbre sur lequel, pendant huit ou dix années, on récolte à chaque saison quelques gousses, de plus en plus rares, renfermant un produit de moins en moins manufacturier.

D'arbres, il n'en est point question, sauf les dattiers auxquels le fellah donne encore quelques soins.

Le cheptel, tout à fait insuffisant ne se renouvelle pas par l'élevage, les Bédouins seuls élèvent des chameaux, des chevaux et des moutons, par tradition pastorale. Quant à l'outillage il est nul, qu'il s'agisse de la préparation des terres, du battage des récoltes ou de l'arrosage.

Au point de vue industriel, le tableau n'a pas beaucoup plus de couleur ni de relief. Par-ci, par-là, quelques ingéniosités naïves, quelques traditions d'un archaïsme extraordinaire éveillent la curiosité et motivent l'étonnement; mais en général, l'industrie ne s'exerce que dans des limites très resserrées. Elle se borne dans les campagnes, comme dans les villes, aux arts de première nécessité et à la manipulation de quelques produits du sol, servant à la consommation courante, ou qui font l'objet d'une exportation peu étendue. Cependant les sources d'industrie étaient nombreuses et si minimes que fussent les moyens, l'Égypte était en mesure, pour toutes les choses essentielles, de suffire avec parcimonie à ses faibles besoins et arrivait même à tirer quelques ressources de l'étranger par de petits échanges.

La terre plus ou moins argileuse et sableuse était employée pour les briques crues ou cuites, pour les vases d'usage courant dans le ménage, aussi pour les jarres dans lesquelles on travaillait l'indigo et pour les pots des roues d'arrosage, surtout à Ballas, Mellawy et Manfalout. A Syout on faisait des fourneaux et de menus objets en terre de pipe ; au Caire, la terre trouvée du côté d'Hélouan se prêtait à la fabrication de Faïences grossières, ustensiles de ménage, plats, pots à confitures, tasses à café. A Ménouf également, on faisait une poterie commune, à couverte bleue obtenue par le natron, le sel et l'oxyde de cuivre.

Le calcaire que l'on trouvait partout, le gypse que l'on rencontrait au sud du Caire, vers Beni-Souef, servaient à la fabrication de la chaux et du plâtre.

Le sable mélangé au natron donnait le verre. Il y avait des verreries qui fabriquaient des bouteilles, des bocaux, des lampes, des verres spéciaux pour l'éclairage des bains, les vases grossiers pour la fabrication du sel ammoniac. Encore ces verreries, pour la plupart, se contentaient-elles alors de faire, en quelque sorte, de la renaissance, en refondant simplement et indéfiniment, les tessons provenant de la casse.

Le natron était exploité dans la partie occidentale du Delta et donnait lieu à une exportation de quelque valeur alimentée par la demande des verreries de Venise ; il servait aussi pour le dégraissage des peaux, des laines, et des soies.

Le salpêtre était tiré un peu partout, par lessivage, des terres des monticules constitués par les ruines ammoncelées des villes anciennes ; mélangé au charbon spécial que l'on fabriquait avec les tiges de Lupin il donnait de la poudre pour les armes à feu.

Le sel marin était récolté dans l'Isthme de Suez, sur les bords des lacs du Delta, extrait des sources salées du Fayoum, faisant concurrence au sel gemme rapporté par les caravanes qui le ramassaient, sur leur parcours, dans les montagnes voisines du Nil.

Les suies provenant de la combustion des déjections animales et des végétaux salés, qui poussent en bordure des lacs et du Désert, donnaient, par sublimation, le chlorhydrate d'ammoniaque en pains hémisphériques qui s'exportaient dans le monde entier. C'était à coup sûr la plus grande industrie du pays ; on en comptait seize fabriques au Caire, à Boulaq et, dans le Delta, à Mansourah, à Fareskor, à Ménouf, et à Damanhour.

Les peaux étaient tannées avec un mélange de sel et de poudre de siliques de mimosa nilotica ; on préparaît de bons cuirs à rasoirs et pour la sellerie, des maroquins rouges, verts, ou jaunes, des parchemins, et des peaux en laine.

La laine était filée et tissée presque dans chaque village ; dans la haute Egypte on produisait de grosses étoffes brunes qui servaient à l'habillement des deux sexes; le Fayoum était renommé pour les châles en laine blanche ; en basse Egypte, particulièrement dans la région de Samanhoud, on faisait des tissus en lainages fins, très recherchés, le plus souvent teints en noir sur indigo.

Au sud, entre Assouan et Girgeh, le tissage était surtout appliqué au coton dont la plus grande partie venait de Syrie. Esneh avait la spécialité des étoffes rayées bleu et blanc, que venaient chercher les caravanes du Darfour, de Sennaar et de l'intérieur de l'Afrique. Dans la moyenne et la basse Egypte on utilisait surtout le lin ; et si, au Fayoum on ne faisait guère que de grossières toiles d'emballage, ailleurs on savait tisser des toiles fines pour la lingerie, des toiles fortes pour la literie, et des produits excellents pour la navigation et pour le campement qui étaient expédiés en Syrie et jusqu'à Constantinople, pour lesquels on travaillait d'après des dimensions spéciales. La soie qui était reçue en cocons de Syrie se prêtait à des tissages de luxe ; Mehallet-el-Kebir, produisait des soieries d'ameublement, des soieries pour vêtements et des tapis de table brochés or et argent ; on y teignait en jaune, rouge, noir, vert, orangé, bleu de ciel, et bleu foncé. Le Caire fournissait les soies roses et la tréfilerie de métal précieux ; Damiette faisait des toiles à bordures de soie de toutes couleurs.

Pour la teinture on fabriquait, dans le pays, l'indigo qui, mal traité, donnait en fécule un rendement très faible ; avec les pétales, triturées et pilées, de la fleur de Carthame on façonnait de petits pains ronds et plats qui s'exportaient par l'Arabie et par Cosséir sous le nom de Safranon ; on récoltait la Gaude, *Réséda lutéola*, dans la province de Charkieh, et on en tirait de jolis jaunes.

Les huileries, très primitives, à meule de granit, employaient les graines oléagineuses du lin, de la navette, du carthame, de la laitue, du sésame, et livraient des tourteaux épuisés pour la nourriture du bétail. La canne à sucre, le plus souvent consommée en vert, alimentait quelques moulins, à cylindres en bois, dans la province d'Atfieh à Farchout, à Akmin ; on y faisait des sucres terrés et des mélasses de consommation. Le riz subissait dans le Nord du Delta les manipulations du pilonnage et du décorticage.

Les dattes fournissaient de l'alcool avec lequel on faisait des liqueurs parfumées avec l'anis récolté à Bardys dans le Fayoum ; les raisins de cette province donnaient un peu de vin mal fait, le plus souvent aboutissant au vinaigre, que l'on obtenait aussi avec des macérations de dattes et de raisins secs importés de l'archipel grec. Les roses étaient, au Fayoum aussi, distillées, et l'on en tirait de l'eau double et simple et même de l'essence très recherchée en Syrie.

L'alfa dans la haute Egypte, les joncs dans la basse Egypte, alimentaient une fabrication de sparterie commune ou fine, nattes, couffes, maktafs, qui jouait un grand rôle dans le mobilier local et que l'on envoyait en Syrie, dans l'Archipel, à Constantinople.

Les Bédouins, en limite du désert, trouvaient des arbrisseaux qu'ils transformaient en charbon.

A Belthem, sur les bords du lac Menzaleh, toute une colonie de pêcheurs fabriquaient, avec les poissons, de la Boutargue fort appréciée dans la région et que les barques qui remontaient le Nil faisaient pénétrer jusqu'au Soudan.

Le chanvre, avons-nous dit, servait de base à la préparation du hachich.

Mais ici, comme pour l'agriculture, il n'y a rien en fait derrière cette très complète et curieuse nomenclature. La plupart des villes, sous le rapport de l'industrie qu'on y exerce, ne sont que de gros villages ; et, même, à proprement parler, les mots d'industrie et de fabrique conviennent mal à ces petits ateliers « qui tiennent dans quelques mètres carrés, et où quelques artisans, presque toujours coptes, jamais pressés par la demande, jamais stimulés par la concurrence, exercent un métier qu'ils se transmettent de père en fils, qui ne les enrichit jamais, et semble leur assurer seulement la tranquilité, et une certaine indépendance, en les faisant accepter dans un milieu où la tolérance n'était pas alors précisément à l'ordre du jour. »

Ce n'est point là un état rudimentaire ; on a fait beaucoup mieux, on a fait beaucoup plus, et, si l'histoire ne le rappelait pas, la dépopulation des villes, dont la moitié des maisons sont inhabitées et tombent en ruine, l'abandon des champs sans cultures, le mauvais état d'entretien des canaux, attesteraient la déchéance et la décrépitude. Girard et ses collaborateurs ne s'y trompent pas. Cette déchéance, ils en font ressortir les causes qu'ils montrent du doigt ; ils lui cherchent un remède, et procèdent à cette enquête avec une ampleur de vues, une élévation de sentiments, une sûreté de doigté, telles qu'on en pouvait attendre d'hommes de leur trempe. Ici, on sent qu'ils sont à leur aise, et font vraiment œuvre d'ingénieurs, d'économistes, de savants, qu'ils travaillent pour la postérité.

La déchéance, « elle est avant tout la résultante de l'absence de deux conditions essentielles, la stabilité de la propriété foncière et la bonne perception des impôts ; puis du manque de sécurité général sous un gouvernement sans autorité, parce qu'il est sans force, sans prévoyance parce qu'il est sans lendemain » — on conçoit d'autre part, sans peine, que, « dans un pays dans lequel le gouvernement laisse incertaine la jouissance des fortunes particulières, il soit impossible d'exercer avec avantage aucune des industries que le luxe seul peut entretenir là où l'on peut dépenser son surplus avec sécurité ». Quant aux industries d'exportation qui trouvaient autrefois un débouché facile, elles souffrent de la pénurie des moyens de transport depuis l'adoption de la route du Cap de Bonne Espérance « qui a tué le commerce que les Phéniciens d'abord, les Vénitiens ensuite, entretenaient par l'Egypte avec les Indes, tandis que d'un autre côté la découverte de l'Amérique attire depuis 300 ans toute l'attention et tous les efforts de l'ancien Monde ».

Le remède, il dérive de la critique avec une précision toute scientifique. L'agriculture a pour elle un sol d'une fertilité exceptionnelle, ses conditions de climat sont particulièrement favorables, les travaux des champs sont simplifiés par le Nil, il y a peu d'efforts à faire pour obtenir la récolte. La commission indique comment les terres pourraient être aménagées, les engrais à utiliser, les rotations qui seraient rationnelles, le système à adopter pour les canaux, les perfectionnements à apporter aux machines d'irrigation pour augmenter de beaucoup les surfaces de culture — « il faudra procéder aussi à l'établissement de la propriété stable du sol, en divisant au besoin les terres entre tous les Fellahs et en appelant, pour les fixer au limon, les Bédouins qui s'entendent à l'élevage ». Cette dernière proposition, c'était Desaix qui l'avait faite, s'autorisant des souvenirs laissés et des résultats obtenus, en haute Egypte, par la tribu Tunisienne des Haouarahs établie quelque temps entre Farchout et Guirgeh, sous le grand cheik Hamman. Alors, on pourra aviser au meilleur emploi de la terre, cultiver les plantes les plus avantageuses, abandonner la recherche du bénéfice relatif qui exige peu d'avances et ne convient qu'aux pays où les terres sont sans valeur, et poursuivre le bénéfice absolu, plus grand, que donnent des exploitations plus dispendieuses. « Car, c'est par l'état de pénurie où se trouvent alors la plupart des cultivateurs Egyptiens que l'on peut expliquer pourquoi la canne à sucre est cultivée en si petite quantité quoique le produit absolu en soit plus grand ». La culture du lin, celle de l'indigo et celle du coton occuperaient aussi avantageusement des cultivateurs capitalistes, il en est de même de la vigne qui vient très bien au Fayoum et dans la basse Egypte « où la fabrication du vin en grand serait possible avec des gens qui sauraient le faire. »

Au point de vue industriel, il faudra faire plus grand, les préparations du carthame, de l'indigo, du sucre sont étudiées comme devant faire l'objet « des premières manufactures qui prospèreront dans le pays ». La fabrication du savon, par les graines oléagineuses et le natron, est recommandée comme devant être avantageuse et pouvant donner un accroissement d'exportation. La préparation des maroquins est aussi susceptible de se perfectionner et de se développer. Les tissages devront être abandonnés comme ne pouvant lutter avec les manufactures occidentales ; « mais il est réservé à la terre d'Egypte de livrer à l'étranger le coton et le lin, et ce sera encore, là, la meilleure manière d'exploiter son sol ». Avec quelle désinvolture sont négligées, ou déclassées, la plupart des industries alors vivantes ; avec quelle sûreté de coup d'œil sont découvertes et appréciées celles, que rien n'indiquait alors, ou ne semblait signaler à l'attention, et qui devaient bientôt faire la fortune du pays ! Quel juste pressentiment de l'avenir !

Et dans ce pressentiment, Girard étudie encore l'importance des villes entre elles par rapport aux voies commerciales d'approvisionnement et d'échange qu'elles commandent, soit avec l'intérieur de l'Afrique par les caravanes de Sennaar, du Darfour, du pays de Fezzan, des états barbaresques ; soit avec l'Asie, vers la Syrie, l'Arabie, et les Indes ; soit avec l'Europe, par Venise, Trieste, Ancône, Marseille, l'Archipel et Constantinople. Il fait enfin ressortir combien les relations de l'Egypte avec l'Europe seront avantageuses à la balance de son commerce, amassant ainsi, par avance, toutes les données économiques utiles à la réalisation de son puissant et hypothétique programme.

Voilà, Messieurs, le point capital de l'œuvre; voilà ce qu'il faut savoir trouver dans les travaux spéciaux de l'Institut d'Égypte ; et voilà ce qu'il convenait évidemment de rappeler aujourd'hui; car c'est là le grand titre à la renommée, devant l'histoire, à la reconnaissance devant ce pays où nous sommes.

Le programme est tout tracé, rien n'y manque. Vienne maintenant Mohammed Ali; il pourra passer à l'exécution sans hésitations, sans incertitudes; et ce sera pour lui un titre suffisant de gloire pour que la tâche n'ait pas été au-dessus des forces de son génie et du talent de ses collaborateurs.

A Mohammed Ali, on doit avant tout, au point de vue auquel je me place, la culture du coton et de la canne à sucre, l'introduction de l'égrenage et des premières fabriques de sucre ou raffineries. Vous savez tous comment Jumel, qui était venu pour diriger des ateliers de tissage, découvrit un jour, dans un jardin du Caire, le coton « qu'il lui fallait », et comment le grand Pacha sut le lui procurer. La canne à sucre a eu des commencements aussi modestes et aussi intéressants. Quoiqu'il en soit, après Mohammed Ali; l'impulsion était donnée à l'agriculture et à l'industrie qui étaient dès lors lancées dans la bonne voie.

Saïd Pacha signe le décret de réunion des deux mers, réalisant une condition essentielle du programme : il faut enlever au Cap, et ramener à l'Égypte, même sous la forme d'un simple transit, le chemin commercial.

Ismaïl Pacha achève l'œuvre de Saïd, et complète l'œuvre de Mohammed Ali en donnant tous ses soins à la culture de la canne et du coton, et en tirant l'industrie sucrière de l'ornière où elle était tombée; dans cette partie de sa tâche il est aidé par Alexandre Périer, homme aux vues larges et sûres, industriel de grande envergure, dont je ne pouvais passer le nom sous silence, bien qu'il n'ait point fait partie de notre Compagnie.

Saïd Pacha et Jumel nous conduisent à l'Institut Égyptien, dont le premier fut fondateur, et dont le second fut membre.

L'Institut Égyptien s'est, tout d'abord, pour ainsi dire spécialisé. L'intérêt qui s'attachait à la découverte de Champollion, la venue en Égypte de tant de savants illustres empressés à rechercher sur place les documents rendus déchiffrables de l'ancienne Égypte contribuèrent à le diriger surtout vers l'Egyptologie.

Mais, parmi ceux qui n'avaient pas les connaissances spéciales que comportait l'Égyptologie, beaucoup acceptèrent la tâche plus modeste de s'occuper de questions agricoles et industrielles. Le chanvre et le lin attirent l'attention de Colucci Pacha; les blés fournissent un sujet d'études à Grégoire, Colucci, Ori, Espinassy, Gavillot; Gastinel décrit les insectes nuisibles et indique les moyens de les combattre, puis il étudie les conditions d'acclimatation du café et celles des pavots rouges, en vue de la production de l'opium; Grégoire et de Régny se consacrent à la question des cotons. Les nitrates provoquent d'intéressantes communications de Gastinel, de Ventre Pacha, de M. Floyer. M. Sickenberger donne des indications utiles pour l'aménagement des salines de la Basse Égypte. Figari traite du boisement de l'Égypte et s'adonne à des recherches géologiques et minéralogiques qui font autorité et que continue M. Fourtau dont les travaux rentrent dans mon sujet tout au moins par les phosphates. L'éducation des vers à soie, par Grégoire, de la cochenille nopal du cactus, par Provin, méritent d'être tirées de l'oubli, comme d'ailleurs le mémoire du colonel d'Arnaud sur la pisciculture. L'alimentation du bétail, les soins à lui donner, nous ont valu de remarquables communications de Colucci, de Gastinel, de M. Piot. Le sol Égyptien, les engrais qui lui conviennent out été décrits et analysés, particulièrement par Gastinel et par Ventre Pacha, à qui l'on doit d'autre part trois notes, très bien faites, sur la fabrication du sucre de cannes. Enfin, des questions d'économie politique ont été très largement traitées par M. Horn, et beaucoup de plantes nouvelles ont été signalées à l'attention des cultivateurs Égyptiens par plusieurs de nos collègues.

Ces études sont pour la plupart des monographies très complètes, ou des considérations générales très bien groupées, qui répondent aux préoccupations du moment : L'Institut Égyptien se donne à tâche, comme son prédécesseur, d'aller au-devant et de tracer la route. Faut-il dire, Messieurs, que son rôle n'a pas toujours été compris, et qu'en ce qui concerne l'agriculture et l'industrie les meilleures volontés se sont souvent heurtées à une grande apathie, à des traditions difficiles à déraciner? Il n'en demeure pas moins vrai qu'à l'occasion on a trouvé et on trouvera dans notre bulletin nombre d'idées et de documents de la plus grande utilité dont pourra faire son profit l'initiative privée qui entre en scène aujourd'hui et à qui incombera la tâche de mener à bonne fin l'œuvre imaginée au commencement du siècle.

Déjà, d'immenses progrès ont été réalisés, et il ne s'agit plus, comme au temps de l'Expédition d'Egypte, de chercher un point de comparaison dans l'Egypte de Sésostris, des Grecs, des Romains ou des Califes. Le pas fait sous Mohammed Ali et ses successeurs est un pas marqué par des pieds de rois et voilà que l'initiative privée, très active depuis une vingtaine d'années, vient apporter à l'œuvre les concours multipliés des efforts personnels. La sécurité de la possession, la sécurité de l'hérédité, ont été pour chacun de puissants aiguillons à mieux faire — il faut aussi, dans cet ordre d'idées, tenir compte d'un nouvel et important facteur : les terres sont de plus en plus recherchées, et leur prix a été singulièrement poussé depuis quelque temps. Ceux qui achètent aujourd'hui, ceux qui reçoivent au taux actuel d'estimation des héritages, deviennent propriétaires à un prix tel qu'il leur faut s'ingénier pour tirer de leur fortune immobilière un profit suffisant et en rapport avec le capital immobilisé. Déjà, nous voyons se produire de grands et instructifs exemples ; déjà nous voyons, devant la nécessité, disparaître la routine et les traditions d'indifférence.

Tous les Egyptiens n'abandonnent plus leurs propriétés à des régisseurs, à des nazirs, à des locataires, pour se borner à en dépenser le produit dans les grandes villes, véritables sangsues de la propriété rurale; beaucoup vivent aujourd'hui en partie sur leurs terres et en règlent de près l'exploitation qui, sous leur surveillance intéressée et paternelle tout à la fois, se perfectionne et se nationalise.

En avant de cette masse d'efforts, grands seulement par le nombre, des cultivateurs hardis, aux reins solides, tracent le sillon et montrent la route, ne reculant ni devant les pratiques coûteuses, ni devant les essais et les innovations, poursuivant ce bénéfice absolu que je définissais tout à l'heure. Son Altesse le Khédive, les princes Hussein et Ibrahim Pacha, d'autres membres de la famille Khédiviale fidèles à la tradition dynastique, Son Excellence Riaz Pacha, Boghos Pacha Nubar, nombre d'autres puissants propriétaires, donnent des exemples qui ne peuvent manquer d'être suivis, tandis que des étrangers attachés au pays, comme M. Beyerlé, MM. Suarès, etc., font la démonstration de ce que peut devenir, dans la vallée du Nil, une terre soumise à une exploitation généreuse et scientifique.

Plus encore que vers l'agriculture, c'est vers l'industrie que l'initiative privée s'est portée avec ardeur dans ces dernières années. Faut-il vous rappeler, messieurs, ce que vous pouvez voir chaque jour : les fabrications d'allumettes, de cigarettes, d'huile, d'alcool, de liqueurs, de noir animal, les verreries de bouteilles, les brasseries, le travail des cuirs qui vont sans cesse se développant dans les villes du Caire et d'Alexandrie; la poterie qui s'essaie dans les villages où prospèrent déjà les savonneries? Faut-il vous rappeler tous ces ateliers d'égrenage de coton, ces briqueteries, ces cimenteries, ces moulins à farine, ces distributions d'eau pour l'arrosage? Faut-il vous rappeler comment ont progressé les sucreries, les raffineries dont les derniers types frappent d'étonnement les voyageurs qui remontent le Nil? Il me suffira de mettre sous vos yeux les quelques chiffres suivants :

Entre Assouan et la Méditerranée, les fellahs cultivent aujourd'hui 5,000,000 de feddans qu'ils contraignent, par double culture, à porter la récolte de 7,000,000 de feddans; encore demandent-ils aux deux cinquièmes de servir annuellement aux cultures d'été dans lesquelles le coton occupe 1,145,000, et la canne plus de 100,000 feddans. On ne perd plus un pouce de terrain ; ici on refoule la mer pour rendre à la culture les fonds desséchés des lacs ; ici c'est le désert qui recule devant les arrosages savants; là c'est le sable lui-même que l'on utilise en lui confiant la précieuse graine des arachides.

Aussi, l'Egypte, qui n'avait pas d'exportation en 1798, qui demandait alors à l'étranger le coton et le sucre, est-elle, en 1898, dans des conditions bien différentes. Cette année, rien qu'en produits du sol, après avoir fourni à la consommation de près de 10,000,000 d'habitants, elle a exporté, par l'admirable port commercial qu'est devenue Alexandrie, depuis la reprise de la route de l'Extrême-Orient par Suez, un poids de 919,817 tonnes de marchandises, vendues dans le pays même pour une valeur de 330,000,000 de francs ; tonnage qui correspond à un frêt moyen de 10,000,000 de francs et a fait rentrer d'Europe près de 370,000,000 de francs en numéraire.

Et, cette situation prospère, brillante même, a pour point de départ l'état lamentable que je vous ai décrit, pour raison et pour seul point d'appui, les travaux de quelques savants français venus ici, au commencement du siècle. L'histoire la plus documentée, la plus méticuleuse, ne pourrait établir autrement les faits.

Ne nous apparaît-il pas, dès lors, combien la contribution scientifique vaut mieux pour la gloire d'un peuple que la contribution des armées ? Elle assure, du moins, des conquêtes qu'on ne peut plus disputer.

La contribution des armées ! ces mots semblent tout d'abord n'être pas à leur place dans une étude qui ne passe en revue que l'agriculture et l'industrie ; et pourtant, ils ne sont pas venus au hasard sous ma plume. Après avoir loué sans réserve un état de choses évidemment louable, il me vient un doute et je me demande si nous connaissons bien les bases sur lesquelles se peut édifier la fortune permanente, indiscutable d'un pays.

Toutes les médailles que l'homme frappe ont des revers, et les arts de la guerre sont intimement liés aux arts de la paix par une loi économique inexorable et fatale.

L'agriculture et l'industrie sont amenées à suivre. là où elles naissent, un développement constant, sous peine de déchéance. Quand un peuple a passé la période médiocre, mais heureuse, pendant laquelle il se suffit à lui-même, il est condamné à ne pas s'arrêter, la concurrence s'établit, il faut lutter, il faut faire plus grand, il faut produire davantage ; le cercle des relations s'élargit, les frais de transport augmentent, il faut faire plus grand, il faut produire davantage ; la demande se restreint, les prix s'avilissent, il faut faire plus grand, il faut faire davantage ; véritable forçat de la Fortune, rivé par l'or à cette tâche de Sisyphe sans cesse renaissante ! Mais, les marchandises s'accumulent, elles s'entassent dans les entrepôts ; au travers de ces amoncellements, le chômage se glisse avec son cortège de misères et de haines, les ouvriers souffrent, ils ont faim, il faut, coûte que coûte, de gré ou de force, ouvrir de nouveaux débouchés..... C'est alors que les arts de la paix s'appuient, de leur main amaigrie sur les arts de la guerre.

Ce n'est point là une idée personnelle, bien des économistes de métier la mettent à l'ordre du jour à propos de la conférence sur le désarmement; ce n'est point là non plus une idée neuve, écoutez plutôt la conclusion du rapport de Girard ; ici, je cite textuellement : « Un nouvel ordre de choses se prépare. Quelles que soient les destinées futures du continent américain, il offrira longtemps encore un champ immense aux spéculations des Européens.

« Mais, quand il y aura des colonies à fonder, il faudra les porter ailleurs, et là, probablement, où l'on aurait été dans le xve siècle, si, à cette époque, et depuis, l'Amérique n'eût point fixé presqu'exclusivement l'attention du monde civilisé. La mémorable découverte de Christophe Colomb, le plus grand des événements, peut être, dont l'histoire des hommes fasse mention, a reculé, jusqu'à nos jours, le moment où doivent s'établir, entre les peuples du Levant et ceux de l'Occident de l'Europe, des relations qui feront peu à peu disparaître les différences de leurs mœurs et de leurs habitudes. Le xixe siècle nous retrouve, sous ce rapport, au même point où nous laissa le siècle de Léon X. C'est de ce point que nous allons partir. La civilisation va pénétrer en Orient, par cela seul que les nations européennes pourront en faire pendant quelque temps le théâtre de leurs guerres. »

Cela se disait, messieurs, il y a cent ans, tout près d'ici, dans une de ses séances auxquelles présidait la froide mathématique de Monge et auxquelles assidûment Bonaparte assistait.

J. Gay-Lussac.

Caire le 3 Février 1899.

PRÉSIDENTS HONORAIRES

MM.

Jomard Bey	25 janvier 1861.
Mariette Bey	20 novembre 1868.
De Lesseps	15 avril 1881.

PRÉSIDENTS

Kœnig Bey	6 mai 1859.
Thurburn (H.)	15 mai 1860.
Mariette (A.)	16 mai 1861.
De Chambure	Séance annuelle 1862.
Mariette Bey (A.)	12 août 1863.
Colucci Bey	20 novembre 1868.
Mariette Pacha	20 février 1880.
Gaillardot Bey	18 mars 1881.
Maspero	23 décembre 1881.
Schweinfurth	31 décembre 1886.
Yacoub Artin Pacha	28 décembre 1888.

VICE-PRÉSIDENTS

Mariette (A.).	Thurburn (H.)	6 mai 1859.
Mariette (A.).	Pensa	15 mai 1860.
Pensa.	De Chambure	16 mai 1861.
Collucci Bey.	Thurburn (H.)	Séance annuelle 1862.
id.	Garnier	12 août 1863.
Gaillardot.	Mahmoud Bey	20 novembre 1868.
Mahmoud Bey.	Gaillardot Bey	20 février 1880.
id	Rogers Bey	18 mars 1881.

Rogers Bey.	Abbate Bey....	23 décembre 1881.
Schweinfurth.	Abbate Pacha...	26 décembre 1884.
Abbate Pacha	Gastinel Bey...	31 décembre 1886.
Gastinel Bey.	Abbate Pacha...	30 décembre 1887.
Abbate Pacha	Larmée Pacha..	28 décembre 1888.
id.	Fakhry Pacha..	29 décembre 1893.

SECRÉTAIRE HONORAIRE

Schnepp...................... 12 décembre 1862.

SECRÉTAIRES PERPÉTUELS

Schnepp...................... 6 mai 1859.
Schwob...................... 26 juin 1863.
Gilly...................... 20 novembre 1868.
Vidal Bey.................. 20 février 1880.
Gavillot.................... 8 mars 1889.
Piot (J. B.)................ 30 décembre 1892.
Gavillot.................... 31 décembre 1897.

SECRÉTAIRES ARCHIVISTES

Pereyra.................... 6 mai 1859.
Figari (T.)................ 20 février 1880.
Barois...................... 30 décembre 1887.
Ventre Bey................ 28 décembre 1888.
Piot (J. B.)................ 27 décembre 1889.
Abbate (W.)................ 30 décembre 1892.
Walter Innes Bey (Doct.)..... 28 décembre 1894.
Ventre Pacha.............. 27 décembre 1895.
Walter Innes Bey (Doct.)..... 31 décembre 1897.
Ventre Pacha.............. 30 décembre 1898.

TRÉSORIERS-BIBLIOTHÉCAIRES

Espinassy Bey.............. 6 mai 1859.
Arnaud Bey (d')............ 16 mai 1861.
Abbate (Doct.).............. Séance annuelle de 1862.
Artin Bey.................. 23 décembre 1881.
Barois...................... 28 décembre 1888.

COMITÉ DE PUBLICATIONS

Refaha Bey. — Colucci Bey. — Chambure (de)................................	20 avril 1860.
Colucci Bey. — Figari Bey. — Abbate. — Gastinel. — Grégoire. — Ogilvie. — Roux.............	1861.
Arnaud Bey (d'). — Figari Bey. — Gastinel. — Kœnig Bey. — Mahmoud Bey. — Ogilvie. — Pensa.....................	1862-63.
Sauvaire. — Gatteschi. — Zemiche.........	20 novemb. 1868.
Sauvaire. — Gatteschi. — Regny Bey (de).	1872-73.
Gatteschi. — Neroutsos Bey. — Regny Bey (de)	1874-75.
Kabis. — Maspero. — Stone Pacha.........	18 mars 1881.
Stone Pacha. — Kabis. — Gastinel Bey.	1882.
Kabis. — Gastinel Bey. — Schweinfurth..	1883.
Schweinfurth. — Gastinel Bey. — Kabis Bey)................................	1884.
Kabis Bey. — Gastinel Bey. — Larmée Pacha................................	1885.
Larmée Pacha. — Osman Bey Ghaleb. — Barois................................	1887.
Larmée Pacha. — Ventre Bey. — Grébaut................................	1888.
Osman Bey Ghaleb. — Grebaut. — Peltier Bey......................	1889.
Grebaut. — Peltier Bey. — Osman Bey Ghaleb................................	1890.
Grebaut. — Ventre Bey. — Osman Bey Ghaleb................................	1891.

MM.

Ventre Bey. — Osman Bey Ghaleb. — Peltier Bey . . . . 1893.
William Groff. — Peltier Bey. — Ventre Bey . . . . 1894.
Ventre Bey. — William Groff. — Peltier Bey . . . . 1895.
Peltier Bey. — William Groff. — Osman Bey Ghaleb . . . . 1896.
William Groff. — Peltier Bey. — Osman Bey Ghaleb . . . . 1897.
Osman Bey Ghaleb. — William Groff. — Peltier Bey . . . . 1898.
Osman Bey Ghaleb. — Peltier Bey. — Piot Bey . . . . 1899.

Seconde Partie

LISTES

de MM. les Membres de l'Institut Egyptien

DEPUIS SA FONDATION 6 MAI 1859 JUSQU'AU 5 MAI 1899

I

MEMBRES RÉSIDANTS

Abbate (Docteur).....	Médecin particulier du Harem de S. A. Le Vice-Roi	18 *novembre* 1859.
Abbate (Washington).	Secrétaire au Contentieux de l'Etat.	28 *décembre* 1888.
Abdallah Saïd Effendi	Directeur du bureau des affaires commerciales à Alexandrie	20 *mai* 1859.
Aly Bey	Sous-gouverneur d'Alexandrie	20 *mai* 1859.
Aly Pacha Ibrahim ...	Ministre de l'Instruction publique ..	12 *mars* 1880.
Aly Pacha Moubarek..	Ministre des travaux Publics.......	*Bulletin* 1884.
Amici (F.)	Attaché au Ministère de l'Intérieur .	4 *janvier* 1878.
Ara.................	Membre du Comité des Conseils de l'État..........................	11 *mai* 1883.
Arnaud Bey (Colonel d')	Ingénieur du gouvernement à Alexandrie	20 *mai* 1859.
Artin Bey...........	Gouverneur des princes fils de S. A. le Khédive.....................	14 *février* 1881.
Aubert-Roche (Doct.).	Médecin en chef de la compagnie du canal de Suez..................	20 *mai* 1859.
Aydé (Docteur)	à Alexandrie	17 *avril* 1863.

BALESTRA	Directeur des postes Italiennes à Alexandrie	8 *avril* 1870.
BAROIS..............	Secrétaire général du Ministère des travaux publics	14 *janvier* 1884.
BAUDRY	Architecte au Caire	14 *janvier* 1884.
BERNARD (H.).........	Homme de lettres, Publiciste	29 *janvier* 1869.
BIMSENSTEIN (Docteur).	Délégué sanitaire de Turquie	28 *décembre* 1872.
BOINET..............	Secrétaire du conseiller financier...	18 *décembre* 1885.
BONOLA (Docteur Fréd.)	Avocat..........................	4 *janvier* 1878.
BORELLI BEY.........	Avocat au Caire	14 *janvier* 1884.
BOURIANT......	Egyptologue.....................	5 *mars* 1886.
BRESSY (Docteur de)...	Rédacteur en Chef du journal l'*Egypte*	1862-1863.
BRUGSCH BEY	Conservateur au Musée des Antiquités Egyptiennes	17 *février* 1882.
BUNSEN (de)..........	Consul général d'Allemagne	9 *juillet* 1875.
BURGUIÈRES BEY (Doct.)	Médecin sanitaire de France	20 *mai* 1859.
CADRI BEY...........	Ministre de l'Instruction publique...	19 *mai* 1876.
CALABI....	Avocat à Alexandrie	25 *juillet* 1862.
CALLIARCHI (Docteur)..	Médecin à Alexandrie	18 *novembre* 1859.
CALLINIQUE (Mgr).....	Patriarche grec à Alexandrie.......	20 *mai* 1859.
CALVERT	Vice-consul de S. M. Britannique à Alexandrie	20 *mai* 1859.
CAVALLI.......	Consul juge au Consulat Général d'Italie.......................	29 *janvier* 1869.
CAZAUX (Marquis de)..	Consul général de France.........	3 *avril* 1874.
CHAFEY BEY (Docteur).	Médecin en chef de l'Hôpital civil à Alexandrie	20 *mai* 1859.
CHAILLÉ-LONG BEY (Col.)	Explorateur, ancien Consul général des E. U. A. en Corée	6 *novembre* 1891.
CHAMBURE (de).......	Directeur des Messageries Impériales à Alexandrie................	20 *mai* 1859.

CHAUSSON	Avocat	11 *mai* 1883.
CHÉFIK BEY MANSOUR	Avocat général près les Tribunaux indigènes	2 *mars* 1888.
COLUCCI BEY (Doct. A.)	Vice-Président de l'Intendance sanitaire à Alexandrie	20 *mai* 1859.
COLUCCI (Doct. Charles)	Médecin en Chef du service sanitaire à Alexandrie	18 *novembre* 1859.
COLUCCI (Docteur P.)	Médecin attaché à l'Intendance sanitaire à Alexandrie	17 *avril* 1863.
COOKSON	Consul juge de S. M. Britannique	22 *octobre* 1875.
CORDIER	Ingénieur-Directeur du service des eaux à Alexandrie	20 *mai* 1859.
COROGNA (Docteur da)	Délégué sanitaire au Caire	19 *novembre* 1875. 7 *février* 1896.
DANINOS	Attaché au Ministère des Affaires étrangères	8 *janvier* 1875.
DARESSY	Conservateur au Musée des antiquités égyptiennes	13 *avril* 1894.
DAVIS (Révérend)	Ministre anglican à Alexandrie	18 *mars* 1864.
DEFLERS (Albert)	Botaniste	5 *décembre* 1890.
DELAPORTE	Consul de France au Caire	20 *mai* 1859.
DELATRE		19 *janvier* 1866.
DELCHEVALERIE	Agronome au Caire	1er *décembre* 1871.
DESGRAS	Directeur des Messageries Impériales à Alexandrie	12 *décembre* 1862.
DIKAEOS (Docteur)	Médecin du Lazaret à Alexandrie	18 *novembre* 1859.
DOBIGNIE	Chancelier du Consulat général de France à Alexandrie	14 *juin* 1867.
DOR BEY	Inspecteur général des Ecoles	22 *octobre* 1875.
DRANETH BEY	Pharmacien particulier de S. A. le Vice-Roi	18 *novembre* 1859.
DUFEU	Négociant à Alexandrie	18 *mars* 1864.
DUTHIL	Conservateur au Musée de Guizeh	28 *décembre* 1894.
ESPINASSY BEY (Doct.)	Membre de l'Intendance sanitaire à Alexandrie	20 *mai* 1859.

Eugène (Archimandrite)..	Vicaire du patriarche grec d'Egypte.	18 *novembre* 1859.
Fakhry Pacha.......	Ministre de la Justice............	12 *mars* 1880.
Farley (Lewis)......	Administrateur de la Société Financière d'Egypte.................	1862-1863.
Figari Bey..........	Professeur à l'Ecole de Médecine du Caire..........................	20 *mai* 1859.
Figari (Tito).........	Avocat au Caire................	4 *janvier* 1878.
Fiol...............	Ministre d'Espagne..............	13 *août* 1869.
Fisquet............	Capitaine de vaisseau. France......	18 *mars* 1864.
Floyer.............	Inspecteur général des Télégraphes..	13 *avril* 1894.
Fouquet (Docteur)....	Au Caire..........................	27 *décembre* 1889.
Fourtau	Ingénieur aux Chemins de fer......	4 *mars* 1898.
Franz Pacha........	Ingénieur en Chef des Wakfs.......	18 *décembre* 1885.
Gaillardot (Docteur).	Médecin sanitaire de France à Alexandrie........................	1863-1864-1865.
Gaillardot Bey (Ch.).	Chef de bureau au Ministère de la Justice.........................	31 *décembre* 1897
Gallois Bey.........	Ingénieur au Ministère des Travaux Publics......................	2 *mars* 1888.
Garnier............	Drogman du Consulat général de France........................	21 *février* 1862.
Garstin............	Sous-secrétaire d'Etat, Ministère des Travaux Publics................	30 *décembre* 1892.
Gastinel............	Professeur à l'École de Médecine du Caire.........................	20 *mai* 1859.
Gatteschi (Dominique).	Avocat à Alexandrie.............	21 *février* 1862.
Gaudard Bey........	Secrétaire du Ministre des Affaires étrangères.....................	13 *août* 1869.
Gavillot (A.)........	....	2 *mars* 1888. 1 *février* 1895.
Gay-Lussac..........	Contrôleur de la Daïra Sanieh......	6 *février* 1885.
Giaccone...........	Consul présidant le Tribunal d'Italie à Alexandrie.................	2 *mai* 1865.

GILLY (A.)...	Avocat à Alexandrie.............	18 *octobre* 1863.
GILLY (F.)	Avocat à Alexandrie.....	3 *octobre* 1863.
GRAND BEY..........	Directeur général du service des villes et bâtiments...............	6 *février* 1885.
GRÉBAUT	Directeur général du service des antiquités et fouilles.............	18 *décembre* 1885.
GRÉGOIRE...........	Agronome......................	20 *mai* 1859.
GRENFELL...........	Commandant en Chef l'armée d'occupation	6 *mai* 1898.
GROFF (William)......	Egyptologue.....................	2 *décembre* 1892.
GUASCO (Monseigneur).	Evêque apostolique d'Alexandrie...	20 *mai* 1859.
GUIGON BEY..........	Ingénieur, Directeur de l'Ecole des Arts et Métiers.................	11 *février* 1881.
Hassan Pacha Mahmoud (Dr)	Directeur de l'Ecole de Médecine...	2 *mars* 1888.
HAZZAN (J.)....... ..	Grand Rabbin à Alexandrie.......	20 *mai* 1859.
HELOUIS.............	Drogman, Chancelier du Consulat de France au Caire...............	20 *mai* 1859.
HERZ	Ingénieur des Wakfs	6 *novembre* 1891.
HORN...............	Publiciste et Economiste..........	8 *avril* 1864.
IBRAHIM BEY MUSTAPHA.	Professeur de Chimie à l'Ecole de Médecine.......................	2 *mars* 1888.
INNES (Walter)	Professeur à l'Ecole de Médecine...	3 *mai* 1889.
ISMAÏL EFFENDI.......	Astronome, Directeur de l'Observatoire.......	28 *août* 1863.
ISSA PACHA HAMDI (Dr).	Directeur de l'Ecole de Médecine...	9 *novembre* 1888.
JULLIEN (Révérend P.).	Recteur du Collège des Jésuites au Caire..................	6 *février* 1885.
KABIS (Marc).........	Avocat au Caire..................	16 *novembre* 1860.
KAY (Henri).........	Négociant, Orientaliste...........	8 *janvier* 1875.
KŒNIG BEY..........	Secrétaire des commandements de S. A. le Vice-Roi..............	20 *mai* 1859.
KREMER (de)........	Consul d'Autriche au Caire.......	12 *mars* 1880.

Kursciud Pacha	Gouverneur d'Alexandrie	*18 octobre* 1863.
Lang (Hamilton)	Contrôleur de la Daïra Sanièh	*7 mars* 1890.
Larmée Pacha	Général, Gouverneur des Ecoles militaires	*12 mars* 1880.
Laroche (F.)	Ingénieur des Ponts et Chaussées de France, Canal de Suez	*20 mai* 1859.
Larousse	Ingénieur hydrographe de France. Canal de Suez	*20 mai* 1859.
Lattis (G.)	Agronome à Alexandrie	*15 août* 1862.
Lefebure	Membre de l'Ecole française d'Archéologie Orientale	*17 février* 1882.
Legrain	Conservateur au Musée de Guizeh	*5 novembre* 1897.
Leoncavallo	Avocat, Rédacteur en chef du « *Spettatore* » à Alexandrie	*14 août* 1863.
Letourneux	Conseiller à la Cour d'Appel mixte d'Alexandrie	*5 décembre* 1876.
Lighounes (Leonidas)	Ingénieur à Alexandrie	*20 mai* 1859.
Linant de Bellefonds Bey	Ingénieur en Chef des Ponts et Chaussées au Caire	*20 mai* 1859.
Loret	Directeur général du Service des antiquités	*4 février* 1898.
Lusena (U.)	Avocat, Professeur à l'Ecole Khédiviale de Droit	*2 décembre* 1892.
Mahmoud Bey	Astronome de S. A. le Vice-Roi	*18 novembre* 1859.
Manuel (John)	Voyageur, Géographe	*4 février* 1870.
Mariette (Aug.)	Directeur des Monuments historiques de l'Egypte	*20 mai* 1859.
Martino (de)	Agent et Consul général d'Italie	*2 mai* 1865.
Maspero	Directeur général du Service des Antiquités	*4 mars* 1884.
Mathey	Chimiste	*2 mars* 1888.
Maunoury	Avocat à Alexandrie	*13 août* 1869.
Michel (Père)	Curé Maronite à Alexandrie	*20 mai* 1859.
Mohammed Aly Bey (Dr)	Professeur de Clinique à l'Ecole de Médecine du Caire	*20 mai* 1859.

MONCRIEF (Scott).....	Sous-Secrétaire d'Etat, Ministère des Travaux Publics................	*14 janvier* 1884.
MONLOUIS (Comte de)	Commandant de la Marine Française en station à Alexandrie.....	2 *mai* 1865.
MONTAUT (H. de).....	Professeur à l'Ecole Militaire.......	20 *mai* 1859.
MONTAUT (L. de)......	Ingénieur des Ponts et Chaussées. Canal de Suez..............	20 *mai* 1859.
MORGAN (de).........	Directeur du Service des Antiquités.	30 *décembre* 1892
MOTET BEY (Général)..	A Alexandrie.......................	20 *mai* 1859.
MOUCHELET BEY......	Ingénieur en Chef du Chemin de fer du Caire à Suez................	20 *mai* 1859.
MOUGEL BEY..	Directeur de l'Ecole Normale.......	11 *mai* 1883.
MUSTAPHA EFFENDI....	Président du Tribunal mixte de Commerce. Alexandrie..............	3 *octobre* 1863.
Mustapha Effendi Magduly..	Ancien Directeur de la Monnaie du Caire.........................	7 *décembre* 1860.
NEROUTSOS BEY (Doct.)	Vice-Président de l'Intendance sanitaire.........................	2 *mai* 1865.
NICOUR.............	Ingénieur en Chef aux Chemins de fer.........................	9 *novembre* 1888.
NOYDANS (Comte de)..	Consul général de Belgique........	4 *janvier* 1878.
NUBAR BEY..........	Directeur des Chemins de fer......	18 *novembre* 1859.
NUBAR BOGHOS PACHA.	Ingénieur civil..................	5 *mai* 1899.
OGILVIE (Docteur)....	Médecin de l'Hôpital civil à Alexandrie....	20 *mai* 1859.
ORI (Docteur)	Délégué du Consulat de Toscane à l'Intendance sanitaire...........	20 *mai* 1859.
Osman Effendi Ghaleb (Dr).	Sous-Directeur de l'Ecole de Médecine et de l'Hôpital du Caire.....	12 *mars* 1880.
OUTREY (Max)........	Consul général de France..........	2 *mai* 1865.
PANCIERA............	Architecte à Alexandrie...........	29 *janvier* 1869.
PELTIER BEY.........	Directeur de l'Ecole Normale	2 *mai* 1888.
PENSA (Docteur)......	Médecin à Alexandrie	20 *mai* 1859.
PEREYRA (G.).	A Alexandrie	20 *mai* 1859.

PIETRI (A. M.).......	Consul Juge au Consulat général de France........................	29 *janvier* 1869.
PIOT (J. B.)..........	Vétérinaire en Chef des Domaines de l'Etat........................	6 *février* 1885.
PIRONA	Astronome...	5 *décembre* 1876.
POUJADE	Consul général de France.........	3 *juillet* 1868.
PROMPT.............	Administrateur Français des Chemins de fer....................	5 *janvier* 1894.
RABINO	Directeur du Crédit Lyonnais......	3 *mai* 1889.
RAPATEL	Membre de la Mission militaire Française........................	13 *août* 1869.
REFAHA BEY.........	Directeur du Collège Arabe au Caire	—
REGNY (de)..........	Secrétaire de l'Intendance sanitaire.	20 *mai* 1859.
REIL (Docteur).......	A Alexandrie....................	14 *juin* 1867.
RIAZ PACHA	Ministre des Affaires étrangères....	20 *mai* 1859.
RING (de)	Ministre plénipotentiaire de France.	14 *juin* 1874.
ROCHEMONTEIX (Marq. de)	Orientaliste.................	12 *mars* 1880.
ROGERS BEY.........	Orientaliste.....................	6 *février* 1885.
ROSSI (Docteur Elie)..	Médecin de l'Hospice des Aliénés...	11 *février* 1881.
ROUSE.........	Ingénieur en Chef du Chemin de fer d'Alexandrie au Caire...........	20 *mai* 1859.
ROUSSEAU BEY	Sous-Secrétaire d'Etat, Ministère des Travaux Publics................	12 *mars* 1880.
SABER BEY SABRY. ...	Professeur à l'Ecole Polytechnique..	7 *mars* 1890.
SAINTE-FOI (de)......	Consul de France au Caire.........	27 *septembre* 1864.
SALEM PACHA (Doct.).	Médecin particulier de S. A. le Khédive.........................	9 *novembre* 1888.
SALEMAN	Vice-Consul de Russie à Alexandrie.	18 *novembre* 1859.
SANDWITH (Docteur)...	Professeur à l'Ecole de Médecine...	31 *décembre* 1897.
SAUVAIRE (H.)...	Attaché au Consulat de France à Alexandrie..	20 *mai* 1859.

SCHNELL	Chancelier du Consulat d'Autriche à Alexandrie	3 *octobre* 1863.
SCHNEPP (Docteur)....	Médecin sanitaire de France à Alexandrie	20 *mai* 1859.
SCHWEGEL...........	Elève Consul d'Autriche à Alexandrie	3 *octobre* 1863.
SCHWEINFURTH (Doct.).	Botaniste-Voyageur..............	19 *décembre* 1873.
SCHWOB.............	Secrétaire de S. E. Chérif Pacha....	31 *mai* 1862.
SCIAMA BEY..........	Ingénieur...	14 *juin* 1867.
SICKENBERGER (Prof.).	Professeur à l'Ecole de Médecine du Caire........................	10 *janvier* 1890.
SONSINO (Professeur)..	Médecin au Caire.................	6 *février* 1885.
SPANOPOULO	Consul de Grèce au Caire..........	20 *mai* 1859.
SPITTA BEY..........	Directeur de la Bibliothèque Khédiviale	17 *février* 1882.
STONE PACHA	Chef de l'Etat-Major général.......	29 *novembre* 1872.
TESTOUD	Directeur de l'Ecole Khédiviale de Droit.........................	5 *janvier* 1894.
THURBURN (H.).......	Négociant, Economiste............	20 *mai* 1859.
TIGRANE BEY.........	Sous-Secrétaire d'Etat au Ministère des Affaires Etrangères..........	12 *mars* 1880.
TRICOU	Elève-Consul au Consulat général de France.......................	18 *octobre* 1863.
VECCHI BEY (de)......	Chef de Bureau, Ministère de l'Agriculture	4 *janvier* 1878.
VENTRE BEY.........	Ingénieur en Chef. Daïra Sanieh...	5 *mars* 1886.
VIDAL (V.)	Directeur de l'Ecole de Droit administratif.......................	29 *janvier* 1869.
VITTON (Richard).....	Ingénieur des Mines à Alexandrie....	18 *novembre* 1859.
VOOS (de)...........	Procureur général près la Cour d'Appel d'Alexandrie................	4 *janvier* 1878.
WALMAS	Interprète au Consulat Général de S. M. B., à Alexandrie..........	20 *mai* 1859.
WARENHORST (Doct.).	Membre de l'Intendance sanitaire à Alexandrie	20 *mai* 1859,
WINDER (Edmond)....	Ministre Anglican à Alexandrie.....	20 *mai* 1859.
ZAY................	Professeur à Alexandrie...........	20 *mai* 1859.

II

MEMBRES HONORAIRES

ABBADIE (Ant. d').....	Membre du Bureau des longitudes et de l'Institut de France........	26 *décembre* 1884.
ABD EL KADER (Emir)..	A Damas........................	17 *février* 1860.
AMPÈRE (J. G.).......	De l'Institut de France............	17 *juin* 1859.
ANASTASY (commandeur d')	Ancien Consul général de Suède....	17 *juin* 1859.
ANDRAL	Professeur. Institut de France......	17 *juin* 1859.
ARNETH	Professeur à Vienne (Autriche).....	17 *juin* 1859.
AUBUSSON (Louis d')..	Archiviste de la Société d'acclimatation de Paris	5 *janvier* 1894.
AUNAY (Lepelletier d').	Ministre de France...............	5 *novembre* 1886.
BANCROFT (G.)........	Ministre des Etats-Unis d'Amérique à Berlin	—
BAROCHE (Ernest).....	Conseiller d'Etat. France..........	12 *décembre* 1862.
BARTHÉLEMY-St-HILAIRE	De l'Institut de France............	17 *juin* 1859.
BAUDE (Baron).......	De l'Institut de France............	17 *juin* 1859.
BEAUCAIRE (Horric de).	Secrétaire d'ambassade à l'Agence de France......................	5 *novembre* 1886.
BEAUMONT (Elie de)...	Secrétaire perpétuel de l'Institut de France..........................	17 *juin* 1859.
BÉCLARD (J.).........	Président de la Société d'anthropologie de Paris.................	17 *août* 1860.
BÉCLARD (L.).........	Agent et Consul général de France.	6 *avril* 1860.
BEHIC...............	Ministre de l'Agriculture et du Commerce de France...............	12 *mai* 1864.
BENEDETTI (Comte)....	Ministre plénipotentiaire de France.	19 *octobre* 1860.
BERNARD (Claude).....	De l'Institut de France............	17 *juin* 1859.
BIOT................	De l'Institut de France............	17 *juin* 1859.

BIRCH (S.)	De la Société royale de Londres	17 *juin* 1859.
Bonaparte (P^ce^ Lucien-Louis)		17 *juin* 1859.
BORÉE	Supérieur des Lazaristes à Constantinople	17 *février* 1860.
BOWRING (John)	Ministre de S. M. Britannique	1861.
BRONGNIARD	De l'Institut de France	17 *juin* 1859.
BRUGSCH	Professeur à l'Université de Berlin	17 *juin* 1859.
BRULL	Ingénieur à Paris	13 *janvier* 1888.
BRUNET DE PRESLE	De l'Institut de France	17 *juin* 1859.
BRUNO (Chevalier)	Consul général d'Italie	3 *mai* 1861.
BULWER (Sir Henry)	Ambassadeur d'Angleterre à Constantinople	7 *novembre* 1862.
BUNSEN (Chevalier)	A Berlin	17 *juin* 1859.
BURTON (Capitaine)	Explorateur	9 *mai* 1877.
CANTU (César)	Membre du Sénat et Professeur à Milan	21 *mars* 1862.
CARTAILHAC (G).	Directeur du musée de Toulouse	3 *mars* 1893.
CAUSSIN DE PERCEVAL	De l'Institut de France	17 *juin* 1859.
CHABAS (J.)	Egyptologue à Châlons-sur-Saône, France	18 *octobre* 1861.
CHAMBURE (de)	Ancien directeur des Messageries Impériales à Alexandrie	12 *septembre* 1862.
CHANTRE	Président de la Société d'Anthropologie de Lyon	4 *février* 1898.
CHÉRIF PACHA	Ministre des Affaires étrangères	6 *avril* 1860.
CHERIM PACHA	Ancien gouverneur d'Alexandrie	1863-64-65.
CLOT BEY	Ancien inspecteur du Service médical en Egypte	17 *juin* 1859.
COLQUHOUN	Consul général d'Angleterre	16 *septembre* 1859.
COLUCCI PACHA	Ancien Président de l'Intendance Sanitaire	17 *février* 1882.

Constantin (S. A. I. le Gd Duc)	....	29 *novembre* 1872.
Correnti............	Présdt de la Société de géographie à Rome..........................	4 *janvier* 1878.
Cosson	De l'Académie des Sciences de Paris	13 *janvier* 1888.
Decaisne............	De l'Institut de France............	17 *avril* 1866.
Dorn (de)...........	Directeur du Musée Asiatique de St-Pétersbourg	17 *juin* 1859.
Drouyn de Luys.....	Ministre des Affaires Etrangères, à Paris.........................	12 *mai* 1864.
Dufferin (Lord)......	Commissaire de S. M. Britannique en Syrie............	17 *juin* 1859.
Dumeril...........	Naturaliste	12 *mai* 1864.
Duruy	Ministre de l'Instruction publique à Paris..........................	3 *mai* 1865.
Egger..............	De l'Institut de France............	17 *juin* 1859.
Escayrac de Lauture (Cte d')	De la Société de Géographie de Paris	17 *juin* 1859.
Fisquet	Contre-amiral. France...	30 *décembre* 1864.
Flourens............	Secrétaire perpétuel de l'Institut de France.........................	17 *juin* 1859.
Gallice Bey (Général).	A Marseille..	9 *juillet* 1859.
Garcin de Tassy......	De l'Institut de France.......	17 *juin* 1859.
Garnier	Consul de France à Suez	14 *juin* 1867.
Gastinel Pacha	Ex-résidant	5 *avril* 1889.
Gaudard Pacha......	Ex-résidant	18 *décembre* 1885.
Gavillot...........	Ex-résidant	6 *janvier* 1893.
Geoffroy-St-Hilaire (Isidore).	De l'Institut de France. Un des sept fondateurs de l'Institut d'Egypte..	17 *juin* 1859.
Grebaut	Ex-résidant	10 *janvier* 1896.
Guigniault.........	De l'Institut de France...........	17 *juin* 1859.
Guigon Bey..........	Ancien résidant.............. ...	1er *mai* 1891.

Halim Pacha (S. A. le P^ce^).		21 *mars* 1862
Hase	De l'Institut de France	17 *juin* 1859.
Hawkins	Conservateur au British Museum	5 *mars* 1861.
Helouis	Ancien résidant	13 *avril* 1894.
Hincks (Docteur)	Dublin	17 *juin* 1859.
Hitrovo (de)	Consul général de Russie	5 *novembre* 1886.
Hooker (Sir William).	Directeur du Jardin botanique à Londres	5 *mars* 1861.
Horner (Léonard)	De la Société Royale à Londres	17 *juin* 1859.
Huber	Ancien Consul général d'Autriche	1859.
Humboldt (Al. de)	A Berlin	17 *juin* 1859.
Huxley (J.-H.)	Professeur d'Histoire naturelle à l'Ecole des Mines. Londres	5 *mars* 1861.
Ibanès (Don Carlos)	De l'Académie des Sciences de Madrid	28 *août* 1863.
Ismaïl Pacha (S. A. le Khédive)		21 *mars* 1862.
Jomard Bey	Ancien membre de l'Institut d'Egypte	17 *juin* 1859.
Jullien (R. P.)	Ancien résidant	—
Karabacek	Membre de l'Académie des Sciences. Vienne (Autriche)	3 *décembre* 1886.
Kœnig	Consul général de Prusse	18 *octobre* 1861.
Kremer (de)	Consul d'Autriche au Caire	17 *juin* 1859.
Kremer (de)	Commissaire Autrichien de la Caisse de la Dette Publique	4 *juin* 1880.
Kursciud Pacha	Gouverneur d'Alexandrie	3 *mai* 1861.
Laborde (Léon de)	Directeur des Archives, à Paris	17 *août* 1860.
Labrouste (A.)	Directeur du Collège Ste-Barbe, à Paris	17 *juin* 1859.
Lagowski (de)	Consul général de Russie	1859.

LAMARTINE (A. de)....	De l'Académie Française	17 *juin* 1859.
LAMBERT BEY	Ingénieur à Paris	17 *août* 1860.
LANG (Hamilton)	Ancien résidant	5 *novembre* 1897.
LANGI (Abbé)	A Rome	17 *juin* 1859.
LAROCHE (Félix)......	Ancien résidant. Ingénieur des Ponts et Chaussées, à Bordeaux	1862-63.
LEEMANS	Directeur du Musée des Antiquités, à Leyde	17 *août* 1860.
LENORMAND (Ch.)	De l'Institut de France	17 *juin* 1859.
LEONE	A Londres	17 *juin* 1859.
LEPSIUS	De l'Université de Berlin	17 *juin* 1859.
LESSEPS (Ferdinand de)	Ministre plénipotentiaire de France.	17 *juin* 1859.
LETOURNEUX	Conseiller à la Cour	17 *février* 1882.
LITTRÉ	de l'Institut de France...	17 *juin* 1859.
LIVINGSTONE (David)..	Explorateur	29 *novembre* 1872.
LONGPÉRIER (Adrien de)	de l'Institut de France	17 *juin* 1859.
LUYNES (duc d'Albert de)	de l'Institut de France	17 *juin* 1859.
MALLET (Alph.).......	Archéologue à Paris	18 *octobre* 1861.
MAMIANI	Ministre de l'Instruction publique du Piémont	5 *octobre* 1860.
MASPERO	Ex-Résidant	3 *décembre* 1886.
MATHISSON	de la Société Royale de Londres....	17 *juin* 1859.
MATTEUCCI	Professeur	3 *mai* 1861.
MAURY (Alfred).......	de l'Institut de France	17 *juin* 1859.
MEUNIER (Stanislas)...	Géologue	4 *novembre* 1898.
MILNE-EDWARDS	Naturaliste	17 *juin* 1859.

MOKTAR PACHA EL GHAZI	Haut-Commissaire Ottoman........	3 *décembre* 1886.
MONTAGNE...........	de l'Institut de France, ancien membre de l'Expédition française.....	17 *juin* 1859.
MONTIGNY (de)........	Ministre plénipotentiaire de France.	1859.
MORSATE (Mgr).....	Patriarche des Maronites de tout l'Orient......................	17 *juin* 1859.
MOUGEL BEY.........	Ingénieur des ponts et chaussées à Paris	17 *juin* 1859.
MOUGEL BEY	Ex-Résidant. Directeur de la Mission égyptienne à Paris..............	5 *mars* 1886.
MUELLER (baron Ferd. de)	Botaniste. Melbourne...............	5 *janvier* 1894,
MUNK (I.)............	de l'Institut de France...........	17 *juin* 1859.
MURCHISON (Roderich)	de la Société Royale de Londres,...	5 *mars* 1861.
MUSTAPHA PACHA (S. A.)	....	21 *mars* 1862.
NAPOLÉON (S. A. I. le Pce)	....	17 *juin* 1859.
NATOLI..	Ministre de l'Instruction publique d'Italie.........................	1863-64-65.
NORTHUMBERLAND (duc de)..............	....	5 *mars* 1861.
NOTHOMB (Baron).....	....	15 *mars* 1875.
NOYDANS (Comte de)...	Consul général de Belgique........	4 *juin* 1880.
NUBAR PACHA	Ministre des affaires étrangères.....	*Bulletin*, 1863-64-65.
OGILVIE (Docteur G.)..	Professeur de physiologie à Aberdeen	16 *décembre* 1859.
OLIVEIRA	de l'Académie des sciences de Madrid.	28 *avril* 1863.
OPPERT (Jules).......	Professeur à Paris................	17 *juin* 1859.
OWEN (Sir Richard)...	Professeur à Londres............	5 *mars* 1861.
PASTEUR.............	De l'Institut de France............	5 *mars* 1886.
Pedro d'Alcantara (S. A. Don)	Empereur du Brésil..............	10 *novembre* 1871.
PERIER (Général)......	du Bureau des Longitudes à Paris..	4 *février* 1887.

Persigny (Comte de)..	Ambassadeur de France à Londres..	17 *juin* 1859.
Petitgrew	de la Société Royale de Londres....	5 *mars* 1861.
Prisse d'Avesnes.....	Orientaliste.	17 *août* 1860.
Quetelet (Lambert)..	Directeur de l'Observatoire de Bruxelles	17 *juin* 1859.
Raffard	Ingénieur à Paris........	27 *décembre* 1889.
Rawlinson (Sir Henri).	Président de la Société Royale de Géographie à Londres	5 *mars* 1861.
Rayer (Docteur).....	de l'Institut de France. Médecin ordinaire de S. M. l'Empereur......	17 *juin* 1859.
Reinaud (Jean).......	de l'Institut de France............	17 *juin* 1859.
Renan (Ernest).......	de l'Institut de France....	17 *juin* 1859.
Ridolfi (Marquis).....	Ministre d'Etat de Toscane........	17 *juin* 1859.
Ring (de)............	Ministre plénipotentiaire de France.	17 *février* 1882.
Rizzo...............	Consul général de Grèce	16 *décembre* 1859.
Rochemonteix (marq. de)	Ancien Résidant...	7 *mars* 1890.
Rossetti (de)........	Consul général des villes Hanséatiques.........................	5 *juin* 1863.
Rossi (J.-B.)........	Rome..........................	17 *juin* 1859.
Rougé (Vicomte de)..	de l'Institut de France............	17 *juin* 1859.
Rouher	Ministre d'Etat de France..........	14 *juin* 1861.
Roulland	Ministre de l'Instruction publique de France.......................	14 *juin* 1861.
Russell..............	Capitaine de vaisseau. France......	17 *août* 1860.
Sabatier............	Agent et Consul général de France..	17 *juin* 1859.
Saulcy (de)..........	de l'Institut de France	17 *juin* 1859.
Saunders (Sydney-Smith).	Consul de S. M. Britannique à Alexandrie	17 *juin* 1860.
Schefer	Premier Drogman interprète de S. M. l'Empereur. Paris.............	17 *juin* 1859.

Schreiner	Consul général d'Autriche	18 *novembre* 1859.
Schweinfurth (Doct.)	Ex-Résidant	3 *mai* 1889.
Sichel	Professeur d'ophthalmologie à Paris.	12 *décembre* 1862.
Simpson (Docteur)	Edimbourg	12 *décembre* 1862.
Soliman Pacha	Major général des troupes égyptiennes	17 *juin* 1859.
Sonsino	Ex-Résidant. Professeur à Pise	18 *décembre* 1885.
Stone Pacha	Ancien chef de l'Etat-major général.	—
Syme (Docteur)	Edimbourg	12 *décembre* 1862.
Tastu	Consul général de France à Alexandrie	17 *avril* 1863.
Testa (Commandeur)	Consul général de Suède	5 *juin* 1863.
Thayer	Consul général des Etats-Unis d'Amérique	27 *juin* 1862.
Thouvenel	Ambassadeur de France à Constantinople	17 *juin* 1859.
Tischendorff	Professeur de théologie à l'Académie de Leipzig	17 *juin* 1859.
Vassali Bey	Conservateur au Musée de Boulac	6 *février* 1885.
Velpeau (Docteur)	A Paris	17 *juin* 1859.
Vincent (Sir Edgard)	Conseiller financier	5 *novembre* 1886.
Walne	Consul de S. M. Britannique au Caire	17 *juin* 1859.
Washington (Capitaine John)	Hydrographe de l'Amirauté à Londres	5 *mars* 1861.
Wilkinson (Sir Gardner). de la Société Royale de Londres		17 *juin* 1859.
Wiseman (Cardinal)	Londres	17 *juin* 1859.
Yunker	Professeur à Gotha	4 *mars* 1887.
Zambelli (Andréa)	Professeur à Madrid	17 *août* 1860.
Zano Del Valle y Huet (Général Ant.)	Président de l'Académie des Sciences à Madrid	1er *juin* 1860.

ZIZINIA (Comte).......	Consul général de Belgique...	5 *juin* 1863.
ZULFICAR PACHA......	Président du Grand Conseil........	17 *juin* 1859.

III

MEMBRES CORRESPONDANTS

ABBATE (Docteur).....	Médecin à Alexandrie.............	17 *juin* 1859.
ABDALLAH SAÏD EFFENDI	Attaché au Ministère de l'Instruction publique au Caire..............	1862.
Abd-el-Rahman Rouchdy Bey	Directeur de la Medjidieh au Caire..	6 *avril* 1860.
ABDUL AZIZ KAHIL.....	Substitut du Procureur général....	3 *décembre* 1886.
ABOUT (Edmond).....	Paris.........................	20 *mars* 1868.
ACHMET NADA.........	Professeur d'histoire naturelle à l'École de Médecine du Caire....	22 *février* 1861.
ADRIEN BEY..........	Ingénieur aux Travaux publics.....	6 *février* 1885.
AHMED AFIFI.........	Substitut du Procureur général.....	3 *décembre* 1886.
AÏTKEN..............	Professeur à l'École de Médecine militaire. Chatam.............	17 *août* 1860.
ALESSI (Docteur)......	Rome.........................	19 *janvier* 1866.
ALGLAVE............	Professeur et rédacteur de la *Revue Scientifique*, Paris.............	19 *mai* 1876.
AMELINEAU...........	Egyptologue...................	5 *mars* 1886.
ANTINORI (Marquis Horace)...........	Turin.........................	24 *janvier* 1862.
APOSTOLIDIS..........	Docteur en médecine............	27 *décembre* 1889.
ARCELIN..............	Archéologue à Mâcon............	28 *décembre* 1872.
ARDAGH (Colonel).....	Directeur du génie de l'armée d'occupation.....................	4 *mars* 1887.
ASCHERSON...........	Botaniste.....................	15 *mars* 1875.

AUBERGIER	Pharmacien-Professeur à Clermont-Ferrand	17 *février* 1860.
BADGET BEY	Ingénieur de la Haute-Egyte	6 *avril* 1860.
BARBIER (Docteur)	Médecin consultant à Vichy	14 *août* 1863.
BARRAL	Professeur, Rédacteur en chef du *Journal d'Agriculture*	17 *juin* 1859.
BARRIÈRE BEY (Paul)	Ingénieur	4 *avril* 1890.
Barthélemy de la Pommeraye	Directeur du jardin scientifique de Marseille	21 *septembre* 1860.
Bartholomœ (le colonel de)	de la Société impériale d'Archéologie de Saint-Pétersbourg	17 *juin* 1859.
BARTOLUCCI	Florence	15 *août* 1862.
BARUFFI (Chevalier)	Professeur de physique à Turin	17 *février* 1860.
BATISSIER (Docteur)	Consul de France à Suez	17 *juin* 1859.
BAUDE	Ingénieur	1859.
BAUDRY (A.)	Architecte	27 *avril* 1863.
BAUTAIN (Abbé)	Professeur à la Sorbonne, Paris	18 *septembre* 1863.
BEAUMIER (A.)	Agent Vice-Consul de France à Rabat	11 *janvier* 1861.
BEAUREGARD (Reveillé de)	Homme de lettres	6 *février* 1891.
BENVENISTI	Padoue	1er *décembre* 1871.
BERBRUGGER	Professeur à Alger	17 *juin* 1859.
BERIO	Vice-Consul de Sardaigne à Beyrouth	19 *octobre* 1860
BERLIOZ	De l'Institut de France	5 *août* 1864.
BERTHERAND (Docteur)	Directeur de la *Gazette Médicale* de l'Algérie	17 *juin* 1859.
BEULÉ	De la Bibliothèque Impériale à Paris	19 *novembre* 1875.
BIRCH (S.)	Londres	19 *mars* 1864.
BLANCHE	Vice-Consul de France à Tripoli.	7 *août* 1874.

Bô	Professeur de physiologie à l'Université de Gênes	5 *octobre* 1860.
Boissier	Genève	13 *août* 1869.
Bonaini	Professeur à Florence	17 *juin* 1859.
Boselli (Comte)		8 *janvier* 1897.
Botta	Consul de France à Tripoli	17 *juin* 1859.
Botti (Docteur)	Directeur du Musée d'Alexandrie	10 *janvier* 1896.
Bourgoin	Architecte	27 *avril* 1883.
Bourguignat	Malacologiste. St-Germain-en-Laye.	4 *janvier* 1878.
Bowring (Sir John)	Ministre de S. M. Britannique	17 *juin* 1859.
Bressy (de)	Rédacteur en chef du Journal *L'Egypte*	5 *juin* 1863.
Breuning (Docteur de).	Vienne	17 *août* 1860.
Broca (de)	Ancien officier de marine	19 *mai* 1876.
Broca (Docteur)		3 *octobre* 1873.
Brun (Docteur H. de).	Professeur à Beyrouth	27 *décembre* 1889.
Bykoff (Docteur)	Conseiller au Ministère des affaires asiatiques de Russie	1er *juin* 1860.
Calmette (Docteur)	Directeur de l'Institut bactériologique de Saïgon	2 *décembre* 1892.
Calvert	Vice-Consul d'Angleterre à Alexandrie	16 *septembre* 1859.
Camescasse (Docteur).	Médecin sanitaire de France à Smyrne	17 *juin* 1859.
Cammas (Henri)	Paris	12 *mai* 1864.
Cantu (César)	Professeur à Turin	17 *juin* 1859.
Caratheodory (Doct.)	de l'Académie de Médecine de Constantinople	17 *juin* 1859.
Carné (Vicomte L. de)	de l'Académie Française	5 *août* 1864.
Cartailhac (Emile)	Directeur du Musée de Toulouse	19 *mai* 1876.

CARUELL............	Directeur du Jardin botanique de Florence......................	13 *novembre* 1868.
CERNUSCHI..........	de la Société d'Economie politique de Paris.......................	14 *juin* 1867.
CHASSIRON (de).......	Maître des requêtes au Conseil d'Etat, France................	17 *août* 1880.
CHAILLÉ-LONG (Colonel)	Chef d'Etat-Major du Gouverneur-gén. des prov. Equator. du Soudan.	15 *mars* 1875.
CHERBONNEAU	Professeur à Constantine.	17 *juin* 1859.
CIPRIANI (Docteur)....	de l'Académie de médecine de Constantinople......................	17 *juin* 1859.
CLAVEL	Avocat au Caire	8 *janvier* 1897.
CLERMONT-GANNEAU ...	Orientaliste..........................	15 *mars* 1875.
COHN (Albert)........	Paris..............................	17 *juin* 1859.
COLLAS.............	Directeur général des Phares de l'Empire Ottomann.............	31 *décembre* 1864.
CONFIDATI...........	Macerata..........................	1863-64-65.
COPE WHITEHOUSE	Géographe........................	5 *mars* 1886.
CORCATO	Professeur de pathologie à Bologne.	14 *juin* 1867.
COSSON.............	de l'Académie des Sciences de Paris.	1er *décembre* 1871.
CROIZIER (Marquis de).	Orientaliste	27 *avril* 1883.
DAGUIN.............	Professeur de physique	5 *décembre* 1884.
DAMBRE (Docteur)....	Courtrai..........................	17 *avril* 1863.
Daniel Oghlou (Demetrius).	de Pamphilie......................	18 *octobre* 1861.
DAVAINE (Docteur)...	Médecin par quartier de S. M. Napoléon III	14 *juin* 1861.
DERVIEU (Ed.)	Directeur de la Compagnie la Medjidieh..........................	17 *juin* 1859.
DERVIEU (G.).........	Directeur de mines. Algérie........	17 *juin* 1859.
DESJARDINS..........	Epigraphiste......................	27 *février* 1863.
DEVAUX (Général)	Président honoraire de la Société archéologique de Constantine....	3 *mai* 1865.

DEVERIA	Conservateur au Musée Egyptien du Louvre	*17 juin* 1859.
DEVOULZ (Albert)	Conservateur des Archives Arabes. Alger	1er *juin* 1860.
DIAMANTI (Docteur)	Médecin au Caire	16 *décembre* 1859.
DIDIER (Ch.)		17 *juin* 1859.
DRANETH BEY	Surintendant des Théâtres	1862-63.
DUFOSSÉ	Professeur	21 *mars* 1862.
DUMONT (Albert)	Directeur de l'Ecole Française d'Athènes	5 *décembre* 1876.
DUVAL (Docteur)	Paris	17 *février* 1860.
ELLERO	Professeur de droit pénal à Bologne	14 *juin* 1867.
ENGELMANN	Leyde	5 *août* 1864.
ESPINASSY BEY (Doct.)		26 *juillet* 1861.
ESTIENNE (Docteur)	Médecin de S. A. Toussoum pacha	17 *août* 1860.
FARLEY (Lewis)	Administrateur de la Société financière d'Egypte	5 *juin* 1863.
FAUVEL (Docteur)	Médecin sanitaire de France à Constantinople	17 *juin* 1859.
FÉRAUD-GIRAUD	Conseiller à la cour d'Aix	19 *janvier* 1866.
FERRAND (Humbert)		28 *août* 1863.
FERRARI (Joseph)	Professeur à Turin	1863.
FIGARI BEY	Professeur à l'Ecole de Médecine du Caire	1862-63
FLORIAN PHARAON	Homme de lettres à Paris	4 *février* 1870.
FOURTAU	Ingénieur aux Chemins de fer	4 *décembre* 1896.
FRANCESCHI	Consul d'Autriche-Hongrie	1er *novembre* 1872.
FRANKL (Docteur)	à Vienne	17 *juin* 1859.
GAFFAREL	Doyen de la Faculté des Lettres à Dijon	11 *février* 1881.

GAILLARDOT (Docteur) ..	de la Mission Française en Syrie.....	22 *février* 1861.
GARNIER.............	Chancelier du Consulat de France à Bagdad.....................	18 *février* 1860.
GARREL.............	....	—
GASTINEL.............	Professeur à l'Ecole de Médecine au Caire........................	—
GATTESCHI (Dominique)	Avocat....................................	1862-63.
GATTESCHI (Docteur) ...	Médecin au Caire.........................	15 *juin* 1862.
GAUDRON.............	Recteur de la Faculté de Nancy......	1er *décembre* 1871.
GAUTHIER (Victor)......	de la Société géologique de France.	7 *février* 1898.
GAVILLOT (A).........	....	6 *mai* 1887.
GIOLLO.............	Professeur d'art vétérinaire à Rovigo.	16 *mai* 1871.
GODARD (Doct. Ernest).	de la Société de Biologie de Paris...	14 *juin* 1861.
GRANT BEY (Docteur)..	....	17 *juin* 1859.
GRASSI BEY (Docteur).	Ancien Médecin en chef de l'hôpital d'Alexandrie....................	17 *juin* 1859.
GRÉGOIRE.............	Agronome à Béziers.....................	1862-63.
GREPPO (Abbé).........	Vicaire général à Belley..............	28 *août* 1863.
GRIESINGER (Docteur)..	Professeur à l'Université de Tubingen	17 *juin* 1859.
GUALTERII (Alexis de).	.... à Rome....	10 *janvier* 1866.
GUYS (H.)...........	.... à Marseille.	17 *juin* 1859.
HACHE (Maurice)......	Professeur à l'Ecole de Médecine de Beyrouth...........................	13 *janvier* 1899.
HAFNAOUI EFFENDI (Seid)	Secrétaire de S. E. Kœnig Bey......	18 *novembre* 1859.
HAGGÉ BEY (Docteur)..	Médecin particulier de S. A. le Vice-Roi..................................	12 *décembre* 1862.
HARRIS.............	Délégué du Consulat Anglais près l'Intendance sanitaire............	17 *juin* 1859.
HASSAN PACHA MAHMOUD	Directeur de l'Ecole de Médecine...	3 *décembre* 1886.

HAYNALD (Monseigneur)	Archevêque de Calosa	5 *décembre* 1876.
HEUGLIN	Consul d'Autriche au Soudan	17 *juin* 1859.
HOREAU		16 *mai* 1871.
HORN	Publiciste et Economiste	1863-64-65.
HUBSCH (Docteur)	Secrétaire général de la Société médicale de Constantinople	17 *août* 1860.
HUGUET LATOUR (Major)	Canada	27 *avril* 1883.
IBRAHIM BEY MUSTAPHA		4 *mars* 1881.
ISMAIL EFFENDI	Astronome	28 *août* 1863.
ISMALUN	Directeur du Laboratoire khédivial	27 *avril* 1883.
ISOLA	Contre-amiral	—
JACQUELET BEY	Professeur des fils de S. A. Ismaïl Pacha	6 *février* 1863.
JORELLE	Premier drogman du Consulat général de France	17 *juin* 1859.
JOUSSEAUME (Docteur)	Malacologiste	7 *novembre* 1890.
KABIS BEY	Philologue	1862-63.
KASIMIRSKY	Orientaliste, Paris	17 *juin* 1859.
KELETI	Vice-Président du Congrès de statistique à Buda-Pesth	5 *décembre* 1876.
KHALIL EL KHOURI	Rédacteur en chef du journal arabe de Beyrouth	22 *février* 1861.
LAMBERT	Président de la Société académique de Nantes	19 *mai* 1876.
LAMY	Statuaire à Paris	18 *mars* 1864.
LANG (Hamilton)	Consul de S. M. Britannique à Chypre	15 *mai* 1875.
LANOUE (De)	Géologue	1er *décembre* 1871.
LARKING	Ancien Consul de S. M. Britannique à Alexandrie	17 *juin* 1859.
LAROCHE	Ingénieur des mines. Canal de Suez.	1862-63.

Larrey (Baron)......	Médecin en chef de l'armée d'Italie .	17 *juin* 1859.
Leclerc............	Secrétaire de la Société archéologique de Constantine.............	3 *mai* 1865.
Lecoq..............	Professeur à la Faculté des Sciences de Clermont-Ferrand...........	19 *août* 1859.
Legrand de Saulle (Dr)	Médecin aliéniste, Paris...........	25 *juillet* 1862.
Lequeux............	Drogman, Chancelier du Consulat de France.......................	17 *février* 1860.
Leval (Docteur)......	Intendant général du Conseil de santé à Constantinople..........	17 *juin* 1859.
Levi (Docteur).......	.... de Venise...	13 *avril* 1894.
Levy (Docteur Michel)	Directeur de l'Ecole de Médecine du Val-de-Grâce, à Paris..........	17 *juin* 1859.
Lippmanzuns (Docteur)	.... Berlin ...	17 *juin* 1859.
Lombard............	Professeur à Genève..............	4 *janvier* 1878.
Lombardini (Elia).....	Ingénieur à Milan.................	2 *mai* 1865.
Loos (Docteur).......	Helminthologiste à Leipzig	27 *décembre* 1895.
Lortet (Docteur).....	Professeur à Lyon, Doyen de la Faculté	13 *avril* 1894.
Lumbroso (Giacomo)..	.... à Turin...	8 *janvier* 1875.
Luzzato............	Professeur au Collège rabbinique de Padoue	17 *juin* 1859.
Mahmoud Bey el Falaki	Directeur de l'Observatoire	1862-63.
Malortie (Baron de)..	....	23 *février* 1883.
id id. ..	....	8 *février* 1884.
Maunier............	Agent Français et agronome à Thèbes	22 *février* 1861.
Mazard Bey	Ingénieur de la Haute-Egypte	6 *avril* 1860.
Melier (Docteur).....	Inspecteur général du Service sanitaire de France	17 *juin* 1859.
Merel (Docteur)......	Ancien Médecin du Bey de Tunis, à Paris..........................	17 *juin* 1859.
Merruau (Paul)......	....	17 *juin* 1859.

Meurs	Président de la Société archéologique de Constantine	17 *février* 1860.
Miller	de l'Institut de France	22 *octobre* 1875.
Minié	Officier supérieur de l'armée Française	17 *août* 1860.
Miniscalchi Erizzo	Sénateur à Rome	8 *avril* 1870.
Miraglia (Docteur)	Professeur à Naples	29 *novembre* 1872.
Mircher (Colonel)	Chef de la Mission Française en Egypte	14 *juin* 1867.
Mitchell	à Londres	17 *juin* 1859.
Moevus	Garde des Mines à Constantine	3 *mai* 1865.
Mohamed Ali Bey (Dr).	Professeur de clinique à l'Ecole de Médecine au Caire	1862-63.
Mohl (Jules)	Professeur au Collège de France à Paris	—
Montaut (H. de)		4 *février* 1870.
Montaut (L. de)		17 *avril* 1862.
Moreau de Tours (Dr).		25 *juillet* 1862.
Mortillet (de)	Sous-Directeur du Musée préhistorique de Saint-Germain	19 *mai* 1876.
Mortreuil	Juge de paix à Marseille	19 *janvier* 1866.
Motet Bey	Lieutenant-Colonel du génie à Nantes	1862-63.
Mouchelet Bey	Ingénieur en chef du Chemin de fer du Caire à Suez	1862-63.
Mouriez (Paul)	à Paris	17 *février* 1860.
Naville	Egyptologue	8 *avril* 1870.
Negri (Commandeur).	Professeur à Turin	31 *décembre* 1864.
Norsa (Docteur)	Rome	5 *avril* 1895.
Nourisson (Victor)	Bibliothécaire de la Ville d'Alexandrie	8 *janvier* 1897.
Ori (Docteur)	Médecin vaccinateur au Soudan	1860.

Osten Sachen (Baron).......	....	19 *mai* 1876.
Ostrup (Docteur).....	De Copenhague..................	3 *avril* 189
Pacini (Docteur)	Professeur d'anatomie à Florence..	14 *juin* 1867
Panceri (Docteur)....	Professeur.......................	3 *octobre* 1873.
Patherick...........	Consul de S. M. Britannique au Soudan........................	17 *juin* 1859.
Pellet (H.)..........	Ingénieur à Paris................	6 *novembre* 1896.
Peney (Docteur)	Médecin en chef au Soudan........	17 *juin* 1859.
Peretier............	Chancelier du Consulat de France à Beyrouth.....................	17 *juin* 1859.
Perier (Docteur).....	Chirurgien principal à l'Hôtel des Invalides.....................	22 *février* 1861.
Perron (Docteur)	Directeur de l'Ecole Franco-Arabe à Alger........................	17 *juin* 1859.
Perron (Abbé).......	Turin...........................	17 *février* 1860.
Pietrement..........	Vétérinaire......................	4 *mars* 1887.
Pincoffs (Docteur) ...	de l'Académie de Médecine de Constantinople....................	17 *juin* 1859.
Pirondi.............	....	4 *février* 1887.
Polack (Docteur).....	Ancien médecin en chef de S. M. le Shah de Perse.................	28 *août* 1863.
Priem	Secrétaire de la Société géologique de France....................	4 *février* 1898.
Provin....	Ancien rédacteur en chef de la *Presse Egyptienne*............... ..	17 *juin* 1859.
Pruner Bey (Docteur)	A Munich.........................	17 *juin* 1859.
Quinsonas (De).......	A Paris..........................	5 *août* 1864.
Ransonnet-Villez (Baron de).........	Vienne..........................	5 *août* 1864.
Rappoporte (J.)......	Grand rabbin à Prague....	17 *juin* 1859.
Ravaisse.............	Orientaliste..........	4 *mai* 1888.
Refaha Bey	Directeur au Ministère de l'Instruction publique................	1862-63.

Regaldi.............	Avocat à Turin..................	17 *juin* 1859.
Reichard le Bey (Rév).	Missionnaire Anglican au Caire.....	22 *février* 1861.
Rey (Docteur).......	Chirurgien de la Marine française à Toulon.......................	17 *août* 1860.
Rhoné (Arthur)......	Archéologue....................	28 *décembre* 1883.
Rivière............	Botaniste.....	4 *mars* 1881.
Roosmalen (De)......	Professeur de déclamation à Paris..	27 *février* 1863.
Rossi (Docteur Elia)..	Médecin au Caire................	16 *décembre* 1859.
Rousseau...........	Consul de France à Djeddah.......	17 *juin* 1859.
Roux (Docteur)......	Fondateur de la Société de Statistique des Bouches-du-Rhône..........	21 *septembre* 1860.
Salomonidis.........	....	5 *novembre* 1886.
Samaritani (Comte)...	....	13 *août* 1869.
Sarell (Docteur). ...	de la Société de Médecine de Constantinople....................	22 *février* 1861.
Sauvaire (H.).......	Drogman du Consulat de France, à Beyrouth....................	1861.
Schiaparelli (Ernest).	Directeur du Musée archéologique de Florence........	6 *février* 1891.
Schimper............	Botaniste en Abysinie...........	1860.
Schaueffele.........	....	29 *janvier* 1869.
Schweinfurth.... ...	Botaniste-Voyageur..............	19 *décembre* 1873.
Segonzac (De).......	Archiviste de la Sarthe..........	6 *décembre* 1884.
Sella (Quintino).....	....	—
Servicen (Docteur)...	De l'Académie de Médecine de Constantinople....................	17 *juin* 1859.
Sonsino (Docteur)....	Professeur à Pise..	15 *mars* 1875.
Soret..............	Numismate à Genève.............	17 *juin* 1859.
Soubhi Bey Ghali....	Substitut du procureur général, près la Cour d'appel mixte...........	2 *avril* 1897.

Suquet (Docteur).....	Médecin sanitaire de France à Beyrouth..........................	*17 juin* 1859.
Taylor (Baron).......	....	*17 juin* 1859.
Testa (Commandeur).	Consul général de Suède..........	*19 mai* 1870.
Teste (Docteur).....	....	*19 novembre* 1875.
Thomas (Philippe)....	Géologue..........................	*4 novembre* 1898.
Tommasi (Docteur)....	Professeur de pathologie à Naples...	*14 juin* 1867.
Topin (Hippolyte).....	....	*10 octobre* 1862.
Tornberg...........	De l'Académie de Stockholm.......	*17 juin* 1859.
Trompeo (Comm. doct.)	Turin..............................	*14 juin* 1861.
Vaillant (Docteur L.).	....	*31 décembre* 1864.
Ville (Georges)......	Professeur au Muséum d'Histoire naturelle à Paris...............	*31 décembre* 1864.
Vingtrinier (Aimé)...	Bibliothécaire de la Ville de Lyon...	*20 mars* 1868.
Vogt (Carl)..........	Professeur à Genève..............	*4 février* 1878.
Walmas............	Caire..............................	1862-63.
Watbled (Ernest)....	Rédacteur en chef de l'*Akhbar*, à Alger..............................	*18 novembre* 1859.
Watteville (de)......	Chef de division au Ministère de l'Instruction publique à Paris....	*21 mars* 1873.
Wescher (Carl)......	Epigraphiste à Paris..............	*29 septembre* 1864.
Wiedemann..........	Professeur d'Egyptologie à Bonn...	*2 avril* 1897.
Yemeniz.............	Consul de Turquie à Lyon.........	*5 août* 1864.
Yvan (Docteur)......	Médecin particulier de S. A. le Prince Napoléon..........................	*15 juillet* 1859.
Zittel.......... ..	Directeur du Musée paléontologique de Berlin..........................	*15 mars* 1875.
Zogheb (Comte Al. de)	Consul général du Brésil...........	*14 janvier* 1887.
Zogheb (Comte Al. Max. de).............	Consul de S. M. le Roi de Portugal.	*13 avril* 1894.

TROISIÈME PARTIE

TRAVAUX

DE

L'INSTITUT ÉGYPTIEN

du 6 mai 1859 au 5 mai 1899

I

AGRICULTURE

ABBADIE (Ant d').....	2 *juin* 1893......	Lettre au sujet de l'analyse du sol égyptien. MM. VENTRE BEY. PIOT BEY.
ABBATE (Docteur).....	7 *octobre* 1859....	Inutilité des études pour la conservation du blé en Égypte.
ARNAUD BEY (d').......	16 *mars* 1860	Les plantes aquatiques du Haut-Nil colorent les eaux au moment de la crue et sont causes de la richesse du limon.
ARTIN PACHA.........	3 *mars* 1893	La culture de la vigne dans la région du Mariout.
AUBERGIER...........	5 *octobre* 1860....	La culture du pavot en Égypte, envoi de semences de pavot pourpre. MM. GRÉGOIRE. MONIÉ.
AUBERT-ROCHE........	16 *mars* 1860	Sur le renouvellement des semences. M. CHAFEY BEY.
BAHRI (Gabriel)......	16 *janvier* 1895..	Note sur le chlore contenu dans l'eau du Nil. MM. FOURTAU. Dr ABBATE PACHA.

BORELLI BEY.........	4 *avril* 1890.....	Explications sur les envois d'eau du Nil et de limon desséché faits à M. d'Abbadie.
CHAMBURE (de).......	16 *septembre* 1859.	Note sur la conservation des blés.
id.	15 *décembre* 1861.	La silice nuit au développement du blé en Égypte.
COLUCCI BEY (Docteur).	21 *octobre* 1859...	Note sur le rouissage du chanvre et du lin.
id.	21 *octobre* 1859...	A propos du blé de momie et de sa faculté germinative. *Manuscrit.*
CORDIER..............	5 *août* 1859......	Rapport au nom de la commission chargée d'examiner le mémoire de M. Ekhold sur l'amélioration de la culture du cotonnier en Égypte.
DELCHEVALERIE.......	28 *décembre* 1872.	Les plantes exotiques cultivées en Égypte.
id.	19 *décembre* 1873.	Notice sur l'Embrevade.
id.	1er *avril* 1898....	L'*Eriophaga gossypiana* (Bois Duval), insecte ravageur du coton en Égypte.
id.	6 *mai* 1898......	Sur le ver dévastateur des pommes et des poires et le ravageur des capsules du cotonnier. M. W. INNES BEY.
id.	—	Les jardins égyptiens. L'embrevade. — Les plantes exotiques cultivées en Egypte. *Manuscrit.*
EKHOLD..............	5 *août* 1859......	Mémoire sur le boisement de l'Egypte. *Manuscrit.*
ESPINASSY BEY.......	—	Constitution des principes immédiats des blés d'Egypte. *Mémoires V.* 1.
FIGARI BEY..........	15 *juillet* 1859...	Lettre au sujet du boisement de l'Egypte.
id.	2 *décembre* 1859..	Rapport sur le mémoire de M. Ekhold. — Boisement de l'Egypte et plantation de forêts sur la limite du désert. *Manuscrit.*

FIGARI BEY..........	2 *décembre* 1859..	Note sur la culture des mûriers.
id.	16 *décembre* 1859.	Etat de la culture du lin et du chanv. MM. Dr COLUCCI BEY. Dr SCHNEPP.
id.	3 *février* 1860....	Nécessité d'établir un jardin de culture expérimentale et de naturalisation en Egypte.
id.	17 *février* 1860..	Note sur la culture du blé en Egypte. M. SABATIER.
Figari Bey et Gastinel Bey.	4 *mai* 1860......	Rapport sur la création d'un jardin d'acclimatation au Caire et à Alexandrie. MM. SCHNEPP. AUBERT-ROCHE.
FIGARI BEY.	30 *novembre* 1861.	Expériences sur plusieurs échantillons de blé des momies.—Arrêt de développement des blés Egyptiens. MM. Dr ABBATE. GRÉGOIRE. PEREYRA. Dr SCHNEPP.
id.	—	Considérations générales sur l'état de l'agriculture en Egypte. *Manuscrit.*
FLOYER.............	5 *janvier* 1894...	Note sur l'emploi d'une argile comme matière fertilisante dans la haute Egypte.
id.	4 *mai* 1894......	Le Sisal, *Agava rigida*, textile des îles Bahama à importer en Egypte.
id.	7 *décembre* 1894..	Plantes des Indes les plus propres à relier les sols sablonneux, avec l'indication des régions de l'Egypte où elles se rencontrent.
id.	3 *mai* 1895......	Note sur l'abaissement de la culture en Egypte et les remèdes propres à la relever.
id.	8 *novembre* 1895.	Sur la culture en Egypte de l'*Agava rigida sisalana* et d'autres plantes utiles.
id.	7 *février* 1896....	Note relative aux récentes découvertes de M. Deherain sur les phénomènes de nitrification dans les sols arables.

Floyer............	18 *décembre* 1896.	Culture du *Sisal* et diverses céréales en Egypte.
Fourtau............	5 *janvier* 1894...	Formation du *Tafla*.
id.	1er *avril* 1898	Note sur les phosphates de chaux en Egypte.
Gaillardot (Docteur).	29 *novembre* 1872.	Possibilité d'introduire la culture du café. Insuccès pour le tabac. M. Dr Colucci Bey. L'humidité s'oppose à l'introduction des plantes aromatiques.
Gastinel............	3 *février* 1860...	Avantages offerts par l'Egypte pour la culture de l'opium ; ancienne réputation des opiums de la Thebaïde. Variété pourpre de M. Aubergier, Professeur à Clermont-Ferrand.
id.	7 *septembre* 1860.	Sur les opiums de la Haute-Egypte. *Mémoires V. 1.*
id.	4 *avril* 1862.....	Note sur les pucerons qui dans le mois de février 1862, ont envahi diverses cultures des provinces de Keneh et d'Esneh.
id.	1 *juillet* 1864....	Note complémentaire sur la culture de l'opium et rapport de M. Petot, chef du jardin d'acclimatation sur les céréales récoltées au jardin d'acclimatation en 1863.
id.	29 *septembre* 1864	Analyse d'un Mémoire sur l'Agriculture.
Gastinel Bey........	1er *novembce* 1872	Monographie du Café. *Manuscrit.*
id.	21 *mars* 1873....	Note sur les engrais égyptiens et leur richesse relative.
id.	13 *janvier* 1877..	Mémoire sur l'emploi des tourteaux de graines de coton. Alimentation des troupeaux et engrais, examen des divers engrais.
id.	3 *juin* 1885......	Moyens d'utiliser les matières des monticules. — Influence du sel marin sur le rendement de la betterave.
Gastinel Pacha......	15 *juin* 1888.....	Mémoire sur la loi de restitution appliquée aux cultures cotonnières.

GASTINEL..............	—	Analyse des glutens examinés par la Commission des blés égyptiens. *Mémoires V. 1.*
id.	—	Rapport sur le Mémoire de M. Figari, proposant la création d'un jardin de culture expérimentale et de naturalisation. *Manuscrit.*
GAY-LUSSAC..........	*4 juin* 1885......	Du Sol Egyptien.
id.	*3 juin* 1887......	Emploi des engrais en Egypte et abus des engrais dits des monticules.
id.	*3 février* 1899....	Etude rétrospective sur l'agriculture et l'industrie en Egypte au XIXe siècle.
GRÉGOIRE............	*27 juillet* 1860...	Le blé retrait. Influence du Khamsin. MM. Dr COLUCCI BEY. Nature électrique du Khamsin. Dr SCHNEPP.
id.	*19 octobre* 1860..	Du Khamsin et de son effet sur le blé. MM. Dr COLLUCI BEY. DE CHAMBURE. Sa haute température provient du sable qu'il entraîne. SCHNEPP. PROVIN. *Mémoires V. 1.*
id.	*15 novembre* 1861.	La culture du coton en Egypte. Historique, état actuel, avenir. MM. Dr ABBATE. Dr SCHNEPP. *Mémoires V. 1.*
id.	—	Rapport sur le Mémoire de M. Ekhold, traitant du Boisement de l'Egypte. *Manuscrit.*
GUERY..............	*9 septembre* 1859.	Note relative à la conservation du blé en Epypte. MM. CHAFEY BEY. DE CHAMBURE. ESPINASSY BEY. Dr SCHNEPP. THURBURN.
HASSAN EFFENDI SAÏD..	*10 janvier* 1896..	*L'Eragrostis Abissinica* comme plante fourragère en Egypte. MM. PIOT BEY. SCHWEINFURTH.

KŒNIG BEY.........	—	Liste des Graines demandées au docteur Ori. Quinquinas du Fazoglu. *Manuscrit.*
LATTIS.............	12 *décembre* 1862.	Le Fellah et l'individualisme au point de vue du progrès agricole.
MAUNIER...........	5 *mars* 1861.....	Graine de *papaver rheas* envoyée par M. Aubergier. On va l'essayer.
OLLIVIER...........	24 *janvier* 1862..	Note sur la destruction des charançons. MM. DE CHAMBURE. Dr COLUCCI BEY. Dr SCHNEPP.
ORI................	21 *octobre* 1859..	Mémoire sur la culture du blé en Egypte.
RABOISSON (R. P.).....	7 *avril* 1899.....	Sur un fourrage d'été. MM. VENTRE PACHA. FAKHRY PACHA. Dr ABBATE PACHA.
REGNY BEY (de).......	19 *mai* 1876......	Introduction de la culture du coton en Egypte, notice sur Jumel, son acte de décès.
SCHNEPP (Docteur)....	15 *juillet* 1859...	Essais de la graine trouvée dans l'oreille de la prophétesse Ta-Shap-en-Kouz.
id	2 *décembre* 1859 .	Rapport au nom de la commission chargée d'examiner le mémoire de M. Ekhold sur le boisement de l'Egypte, essences d'arbres indiquées.
SOUTER.............	4 *décembre* 1896..	Installation par l'administration des domaines de transport électrique de la force, à grandes distances, au profit exclusif de l'agriculture.
VECCHI (de)	29 *mai* 1883.....	Etat actuel de l'agriculture en Egypte, *Non publié.*
VENTRE BEY	8 *juin* 1888	Quelques mots sur la fabrication du sucre et la culture de la canne en Egypte. MM. GASTINEL BEY. GUIGON BEY.
id.	5 *avril*, 7 *juin* 1889	Le Sol Egyptien et les engrais. MM. BAROIS. MATHEY. PIOT.

Ventre Bey.........	4 *avril* 1890.....	Au sujet d'une brochure de M. Deherain sur l'épuisement des terres arables par la culture sans engrais.
id.	2 *février* 1894....	Valeur du *Tafla*.

II

ANTHROPOLOGIE — ETHNOGRAPHIE — SCIENCES MÉDICALES.

Abbate (Docteur).....	16 *mai* 1861.....	Note relative à certaines hémorragies liées aux conditions atmosphériques. MM. Dr Schnepp. Ogilvie.
id.	14 *juin* 1861.....	Présente deux séquestres d'os nécrosés.
id.	26 *juillet* 1861...	L'Ophthalmie d'Egypte et sa prétendue spécificité. M. Dr Schnepp.
id.	15 *décembre* 1861.	Cas de rage qui se sont présentés en Egypte dans les dix dernières années. MM. Ogilvie. Chambure (de). Provin. Dr Schnepp. d'Arnaud Bey
id.	4 *avril* 1862.....	Observation d'Hydrophobie constatée chez une femme grosse, cas d'hydrophobie en dehors de la rage canine. M. Dr Schnepp.
id.	25 *juillet* 1862...	Note sur un cas de *Fungus hœmatodes*.
id.	28 *novembre* 1862.	de la Keratopsie ou de la vision par cornée artificielle. Nouvelle méthode et instruments.
id.	—	dell'Ottalmia Egiziana e della sua pretesa specificita e di alcuni corollari sul trattamento dell'ottamite. *Mémoires V. 1.*

ABBATE (Docteur).....	12 *décembre* 1862.	Compte rendu de la première session du Congrès ophthalmologique à Berlin.
id.	*Séance annuelle* 1863..........	Conditions morbides de la Basse-Egypte. *Non publié.*
id.	10 *décembre* 1869,	Bas-relief de Kom el Ahmar (Beni Hassan) représentant un vétérinaire soignant une chèvre. Signe hiéroglyphique indiquant le médicament (en Copte *tamarix*). MM. LEPSIUS. Dr GAILLARDOT. DUMICHEN.
id.	13 *mai* 1870.... .	Au sujet de deux petites filles réunies par le sternum.
ABBATE BEY (Docteur).	13 *janvier* 1877..	Causes anatomo-physiologiques de l'acuité visuelle chez les nègres.
id. ...	27 *mai* 1881.....	Questions hygiéniques sur la ville du Caire.
id. ...	18 *novembre* 1881.	La crémation des ossements des animaux qui périssent dans les épizooties. M. GASTINEL BEY, préfère à la crémation, la transformation en engrais.
id. ...	27 *janvier* 1882..	Asymétrie cardiaque dans la race indigène.
id. ..	17 *février* 1882...	Nouvelles observations physiologiques de subjectivité chez certains aveugles.
id. ...	14 *décembre* 1883.	Note sur le *haschich*. MM. GASTINEL BEY. MASPERO. ARTIN BEY. ROGERS BEY.
ABBATE PACHA (Doctr).	9 *mai* 1884.......	Dangers de la morphinomanie.
id. ...	10 *avril* 1885.....	Dangers auxquels est exposée la santé publique par suite du commerce des chiffons. M. GASTINEL BEY, acide hypoazotique.

ABBATE PACHA (Doct^r)..	3 *octobre* 1886....	Du baillement provoqué artificiellement. *Publié en 1887, page 260.*
id.	... 4 *décembre* 1886..	Le *Fataa el mandel.* — Suggestion. — Hallucination.
id.	... 17 *juin* 1887.....	Présentation de trois calculs d'un volume remarquable, prédispositions des coptes.
id.	... 2 *décembre* 1887..	*Febris nilotica autumnalis.*
id.	... 13 *janvier* 1888 ..	Nouvel hémostatique.
id	... 2 *mars et* 7 *déc.* 1888	L'orbite et le cerveau des nègres.
id.	.. 5 *avril* 1889......	Anasthésie et analgésie cocaïniques.
id.	... 3 *mai* 1889.......	Encore quelques mots sur l'inaptitude à la rage dans les races de chiens indigènes. MM. le Dr COGNIARD, nature microbienne de la rage, analogie avec le tétanos, Cas spontanés et traumatiques. Dr HASSAN PACHA MAHMOUD. BOINET BEY.
id.	... 8 *novembre* 1889..	Les vitrines des instruments de chirurgie à l'Exposition universelle de Paris en 1889.
id.	... 7 *mars* 1890......	L'*Influenza* en Egypte.
id.	.. 4 *avril* 1890......	Critique au point de vue hygiénique des projets d'égoûts actuellement à l'étude pour la ville du Caire. M. Dr HASSAN PACHA MAHMOUD.
id.	... 26 *décembre* 1890.	L'usage des *similia* découvert dans le Thalmud et ses commentateurs, à propos de la rage.
id.	... 3 *avril* 1891......	Note complémentaire à la communication sur l'usage des *similia.*
id.	... 6 *novembre* 1891..	Prééminence des facultés mécaniques dans la race Egyptienne. MM. PELTIER BEY. ARTIN PACHA.
id.	... 1er *avril* 1892....	Le suicide de Cléopâtre au point de vue médical.
id.	... 4 *novembée* 1892..	Sollicitation de mesures hygiéniques dans l'intérêt sanitaire Egyptien.

ABBATE PACHA (Doct^r^)..	30 *décembre* 1892.	Présentation de pièces anatomiques et de photographies offertes au musée de l'Ecole de Médecine de Kasr-el-Aïni.
id. ..	7 *avril* 1893......	L'équilibre statique chez la femme indigène. Etude physiologique.
id. ...	5 *janvier* 1894 ...	Le *Mylabris fulgorita*, remède contre la rage.
id. ...	4 *mai* 1894.......	Onzième Congrès international de médecine à Rome.
id. ...	21 *janvier* 1898 ..	Loi de contraste dans la vision abstraite et dans la vision réelle.
id. ...	4 *février* 1898....	La production volontaire des sexes. MM. GAY-LUSSAC. PIOT BEY. Dr OSMAN BEY GHALEB. FAKHRY PACHA.
id. ...	13 *mai* 1898......	Affirmation du traitement similaire de la rage.
id ...	2 *décembre* 1898..	Discours concernant les sciences médicales. *Centenaire*.
id. ...	—	La mort de Socrate au point de vue médical et physiologique. *Mémoires V.* 3.
ADRIEN BEY.........	—	Quelques notes sur les quarantaines de la Mer Rouge. *Mémoires V.* 2.
AIDÉ	17 *avril* 1863....	L'Acide gallique employé comme hémostatique.
ANELLI..	3 *juillet* 1868....	Topographie médicale d'Ismaïliah.
id.	20 *février* 1874...	Note sur un fœtus monstrueux.
ANTINORI (Marquis)...	27 *décembre* 1861.	Les *gniams-gniams*, rudiments de queue.
ARCELIN....	13 *septembre* 1872.	Lettre sur la question des silex taillés.
ARTIN PACHA..... ...	1er *juin*, 9 *no*. 1894.	L'eau d'alimentation dans la ville du Caire.
id.	4 *mars* 1898.....	Tisane de graines de *Khilleh*, pour guérir les douleurs néphrétiques. MM. Dr ABBATE PACHA. FAKHRY PACHA. Dr HASSAN PACHA MAHMOUD. Dr OSMAN BEY GHALEB.

AUBERT-ROCHE	16 *mars* 1880....	La population de Matarieh et de Menzaleh.
BARBARA	—	La *scrofularia nodosa*, remède contre la rage. *Manuscrit.*
BATTAGLIA (Bruno)....	—	Effet de la résection des nerfs laryngés. *Manuscrit.*
BIMSENSTEIN (Docteur) .	12 *décembre* 1873.	Renseignements sur les pygmées ramenés par M. Schweinfürth. M. GATTESCHI.
BITTER (Docteur).....	28 *décembre* 1894.	Au sujet de la question de priorité, soulevée par M. le Docteur Gueftos, à propos de la découverte d'un microbe spécial à la fièvre bilieuse.
BRÜLL	2 *juin* 1893......	Le rafraîchissement des habitations dans les pays chauds.
CHABAS	12 *décembre* 1862.	Prétendue longévité des anciens Egyptiens.
CHAFEY BEY..........	15 *juin* 1860.....	Mémoire sur la médecine empirique en Egypte avant l'introduction de la médecine rationnelle. *Mémoires V.* 1.
COGNIARD (Docteur)...	2 *décembre* 1887..	L'épidémie de dengue au Caire en 1887.
id. ...	8 *juin* 1888......	Dangers des médicaments actifs dans les cas d'insuffisance de la sécrétion rénale. MM. Dr ABBATE PACHA. PIOT. Dr DA COROGNA BEY.
id. ...	7 *décembre* 1888..	Précautions à prendre en présence de cas de diphtérie.
id. ...	8 *novembre* 1889.	Présentation et analyse d'une relation de l'épidémie de fièvre dengue qui a sévi à Beyrouth, par le Dr H. de Brun.
id. ...	6 *juin* 1890......	Présentation au nom du Dr Brossard d'un corps étranger, retiré du rectum d'un homme de 60 ans.

COGNIARD (Docteur)...	7 *avril* 1893. ...	Présentation d'un instrument destiné au drainage des abcès du foie. Observation clinique. MM. Dr HASSAN PACHA MAHMOUD. PIOT.
id. ...	5 *mai* 1893......	Quelques observations critiques pour servir à l'étude des abcès du foie. M. Dr WALTER INNES.
id. ...	1er *avril* 1891....	L'application des rayons Rœtgen à la thérapeutique. MM. ARTIN PACHA. Dr ABBATE PACHA. Dr ISSA PACHA HAMDI. Dr BAŸ.
COLUCCI BEY (Doct.)...	9 *septembre* 1859.	La suspension de la vie à propos du blé des momies. MM. DE CHAMBURE. THURBURN. Dr SCHNEPP.
id. ...	18 *novembre* 1859.	Rapport de la population avec les moyens de subsistance. MM. CORDIER. ESPINASSY BEY. THURBURN. *Anecdote sur le recensement.*
id. ...	16 *décembre* 1859.	Rapport sur le choléra qui sévit au Caire en 1850 et 1851.
id. ...	—	Mortalité du sexe masculin. Invariabilité des cas dans la population juive. *Mémoires V. 1.*
id. ...	10 *janvier* 1862..	Importance de l'étude de la question de la rage en Egypte. MM. Dr ABBATE. DE CHAMBURE. Dr SCHNEPP.
d. ...	26 *septembre* 1862.	La Lèpre, prix de 10.000 piastres turques, offert par la Société Impériale de Médecine de Constantinople, au meilleur mémoire sur ce sujet. *Non publié.*
id. ...	18 *septembre* 1863.	A la suite de l'épizootie, il est important d'étudier la question de la reproduction du bétail et les meilleurs croisements. M. LATTIS.

Colucci Bey (Docteur)	3 *octobre* 1863...	Mesures prises à différentes époques en cas d'épizootie en Egypte et en France pour réparer les pertes. MM. Lattis. Dr Abbate.
id.	19 *janvier* 1866..	Réponse à 12 questions sur le choléra de 1865. Nomination d'une commission d'études.
id.	11 *janvier* 1867..	Particularité de la symptomatologie de certaines maladies dans la race nègre.
id.	8 *mai* 1868.......	Quelques mots sur l'observatiou des décisions de l'Intendance sanitaire.
Colucci Pacha (Doct).	20 *février* 1874...	Examen des deux pygmées de Miani. MM. Dr Gaillardot. de Regny Bey.
id.	2 *avril* 1875......	Cas très remarquable de tératologie. Deux enfants soudés par le milieu du corps.
id.	4 *janvier* 1878...	Mesures prises au sujet de la fièvre qui a régné à Ismaïliah.
Corogna Bey (Dr da)..	9 *mai* 1884.......	Etiologie et semeiologie de l'épidémie cholérique de 1865 en Egypte. Durée de la période d'incubation. MM. Rogers Bey. Dr Rossi Bey. Dr Abbate Pacha.
Daressy.............	2 *février* 1894....	Outils en silex, trouvés en Egypte.
Dikaios (Docteur).....	20 *avril* 1860.....	Lecture en langue grecque sur les maladies prédominantes dans la colonie Grecque d'Alexandrie. *Mémoires V.* 1.
id.	4 *mai* 1860......	Nombre des malades admis à l'hôpital Grec d'Alexandrie pendant les 4 dernières années.
Dinkler (Docteur)....	4 *mars* 1898.....	La Science pharmaceutique chez les anciens Egyptiens. M. Artin Pacha.
Eïd (Docteur)........	30 *décembre* 1898.	Le quatrième Congrès de la tuberculose.

Eïd (Docteur)......	7 *avril* 1899.....	Les Rayons X, démonstration et projections. M. Dr Abbate Pacha.
Espinassy Bey........	5 *août* 1859.....	Rapport au nom d'une commission sur le mémoire de M. le professeur Gastinel Bey. Etude topographique, chimique et médicale des Eaux Thermales salines sulfureuses de Helouan. MM. Chafey Bey. Eaux de Beni-Bira. Cordier.
id.	5 *octobre* 1860....	Rapport sur l'ouvrage de M. le Dr Rey. Hygiène navale des anciens. MM. Dr Colucci Bey. Dr Schnepp.
Estienne (Docteur)....	15 *novembre* 1861.	Présentation d'un calcul urinaire double.
Figari Bey (Docteur)	4 *octobre* 1861....	Note sur le Congrès sanitaire de Paris.
id.	19 *mai* 1865......	Mémoire sur la population d'Egypte.
Fouquet (Docteur)....	7 *mars* 1890.....	Etiologie et traitement du bouton du Nil. M. Dr Hassan Pacha Mahmoud.
id.	6 *mars* 1896.....	Note pour servir à l'histoire de l'embaumement en Egypte. M. Dr Abbate Pacha.
Gaillardot Bey (Doct).	13 *décembre* 1872.	M. Arcelin et les silex taillés en Egypte.
		Avantages de la station d'El Ouedj au point de vue sanitaire.
id.	28 *décembre* 1872.	Sur une question de priorité soulevée au sujet des premières découvertes relatives aux instruments de silex de l'époque préhistorique.
id.	3 *avril* 1874.....	Communication de deux lettres de Sir John Lubbock et de M. Arcelin au sujet des instruments en silex. Quelques réflexions sur les traces de l'époque de la pierre taillée, trouvées en Egypte à propos des découvertes de M. Schliemann en Troade.

GAILLARDOT BEY (Doct.).	*4 juin* 1875.......	Au sujet d'une étude de M. de Quatrefages, sur les *Akkas* de M. Schweinfürth.
id.	20 *octobre* 1875...	Remède contre la rage, propriété d'une famille du village de Schief-Amer, près Saint-Jean-d'Acre. *La scrofularia nodosa.*
GASTINEL (Profes.)....	16 *novembre* 1860.	L'Arséniate de caféine et l'acide tanno-arsenieux, agents fébrifuges. *Mémoires V. 1.*
id.	12 *avril* 1861.....	Mémoire sur les eaux salines froides d'Aïn Syra près le Caire. MM. Dr ABBATE. Dr COLUCCI BEY. Dr FIGARI. Dr SCHNEPP. *Mémoires V. 1.*
id.	4 *avril* 1862.... .	Analyse qualitative d'une écorce, envoyée du fleuve Blanc, par le Dr Peney, et employée par les Indigènes comme matière tannante et agent fébrifuge. MM. Dr ABBATE. Dr SCHNEPP.
id.	30 *avril* 1880....	Nouveau procédé de dosage du sucre de diabète.
id.	27 *mai* 1881......	Etude topographique, clinique, médicale sur les eaux minérales d'Helouan-les-Bains.
id.	—	Rapport sur le mémoire de M. Chafey Bey, relatif à la médecine empirique des Arabes. *Manuscrit.*
id.	—	Rapport sur la kelline de M. Ibrahim effendi Mustapha.
GATTESCHI (Docteur)...	13 *juin* 1862......	Cenni clinici sulle malattie che hanno dominato in Cairo, nell'inverno dell'anno 1862, e sopra tutte, delle mallattie acute degli organi respiratori. M. Dr ABBATE.
GAUTIER (Th.)........	6 *mars* 1896.....	Analyse des produits extraits des momies des prêtres d'Ammon de la XXIe dynastie.

GRÉGOIRE.	27 *décembre* 1861.	N'a entendu parler de la rage que depuis cinq ans. On lui a cité divers cas arrivés à l'intérieur. M. Dr ABBATE, pas de rage spontanée chez les chiens arabes.
GROFF (William)......	1er *avril* 1892....	Etude archéologique sur *la malaria.*
id.	29 *décembre* 1893.	A propos de l'histoire de la rage. MM. Dr ABBATE PACHA. PIOT.
GUEFTOS (Docteur)....	9 *novembre* 1894..	Annonce la découverte d'un microbe dans le sang des malades atteints de fièvre bilieuse. M. WALTER INNES. Cette découverte est contestée par le Dr Bitter.
id.	1er *février* 1895..	Lettre au sujet de la priorité de la découverte du microbe spécial à la fièvre bilieuse.
HABIB BEY..........	12 *juillet* 1861...	Etat actuel de la race chevaline en Egypte. MM. Dr ABBATE. DE CHAMBRUN.
HADJES (Docteur).....	9 *janvier* 1891...	Quelques considérations sur les phlegmasies utérines au Caire et leur traitement par le curetage. *Non publié.*
id.	3 *avril* 1896.....	Fracture comminutive étendue du pariétal droit.
HASSAN PACHA MAHMOUD (Docteur)..........	3 *mai* 1889......	Le bouton d'Egypte. M. Dr COGNIARD.
id. ...	9 *novembre* 1894..	L'helminthiase en Egypte. MM. ARTIN PACHA. Dr ABBATE PACHA. WALTER INNES.
id. ...	7 *décembre* 1894..	La médecine et les médecins chez les anciens Egyptiens.
IBRAHIM EFFENDI MUSTAPHA	12 *mars* 1880.....	Substance nouvelle retirée d'une plante nommée en arabe *Khel.*
ILLY (Docteur)........	2 *février* 1866....	Histoire générale du choléra dans la rade d'Alexandrie.
INNES (Walter)	3 *décembre* 1886..	Recherches sur l'étiologie de l'éléphantiasis des arabes.

Innes (Walter).......	7 *mai* 1897.......	Rapport sur la note du professeur Rudolf-Blitz *The plague and other contagious diseases* et sur le rapport sur l'inspection sanitaire à l'abattoir d'Alexandrie par M. Piot, vétérinaire municipal.
Issa Pacha Hamdi (Doct.)	9 *janvier* 1891...	Un mot sur la découverte du Dr Koch.
Jousseaume (Docteur)..	3 *mars* 1893......	Avantages que présenterait l'établissement en Egypte d'une station scientifique.
Kaufman (Docteur)....	5 *mai* 1893......	Présence de la plasmodie de la malaria dans les cas d'impaludisme observés en Egypte. M. Dr Abbate Pacha.
id.	7 *décembre* 1894..	Stérilisation de l'eau au moyen de l'hypochlorite de sodium. M. Artin Pacha.
Lajard........	2 *mars* 1894.....	Instruments de silex taillés, provenant de deux stations du désert oriental de l'Egypte.
Lanoue (de)	27 *avril* 1872....	Compte rendu de son voyage au point de vue géologique. Instruments en silex.
Loos (Docteur Arthur).	—	Recherches sur la faune parasitaire de l'Egypte. *Mémoires V.* 3.
Lortet (Docteur).....	4 *décembre* 1896..	Expériences sur le traitement de la tuberculose chez l'homme et les animaux au moyen des rayons Rœntgen. M. Fakhry Pacha.
Loverdo (Docteur)....	11 *janvier* 1895..	Traitement et prophylaxie de la diphtérie par la serothérapie. MM. Artin Pacha. Dr Kaufman. Dr Abbate Pacha.
Lunda (Docteur)......	16 *avril* 1874	Rapport sur l'épidémie de variole à Port-Saïd. *Manuscrit.*
id.	—	Elixir préservatif du choléra. *Manuscrit.*

Magen.............	—	Courbe des observations météorologiques et des décès par le choléra pendant les mois de juin et de juillet à Alexandrie. *Manuscrit.*
Mariette Bey.... ...	29 *septembre* 1864.	Les Populations du lac Menzaleh. MM. Dr Paolo Colucci. Dr Colucci Bey. Dr Gatteschi. Dr Gaillardot Bey. A trouvé dans la nécropole de Saïda une tête de femme avec un ratelier.
id.	19 *mai* 1870.....	Au sujet des populations du lac Menzaleh. Traces de l'existence de l'homme à l'époque du Mammouth.
id.	7 *juin* 1872.......	Présente des photographies de silex taillés des collections du Musée de Boulac. Ne les croit pas remonter au-delà de l'époque historique.
Mazzei (Docteur).... .	4 *mars* 1870......	Mémoire sur un cas d'*Atrofia pigmentosa della retina*. MM. Dr Abbate. Dr Colucci Bey. Dr Gaillardot.
Morgan (de).........	17 *avril* 1896.....	L'homme préhistorique en Egypte.
Neroutzos Bey (Dr)....	6 *mars* 1874.....	Recueil de divers passages des anciens auteurs sur les Pygmées.
id.	22 *octobre* 1875...	C'est le Dr Gueber qui le premier a observé la *Bilharzia hœmatobia*.
Nicod (Docteur)......	17 *août* 1860.....	Mémoire sur les maladies des yeux en Egypte. MM. Dr Colucci Bey. Dr Schnepp. Grégoire.
Ogilvie (Docteur).....	16 *décembre* 1859.	Le rabbin Amran et son traitement des hernies. — Insuccès, ignorance absolue de toutes notions médicales. M. Dr Colucci Bey. — L'Elephantiasis ne peut être guéri chirurgicalement. — Cas d'un malade opéré par Clot Bey.

Ori (Docteur).	16 *décembre* 1859.	Hernies étranglées guéries par le rabbin Nathan Amran. MM. Colucci Bey. Schnepp.
Osman Bey Ghaleb (Dr).	6 *février* 1885....	*L'Oxyurus uromasticola.* Note sur l'organisation et le développement d'une nouvelle espèce d'entozoaire. *Mémoires V.* 1.
id..........	7 *mai* 1897.......	Rapport 1° sur la note du professeur Rudolph Blitz : *The plague and other contagious diseases*. — 2° Sur l'inspection sanitaire à l'Abattoir d'Alexandrie, par M. Piot, vétérinaire municipal.
Owen..	6 *mars* 1874......	Note sur les Pygmées de Miani.
Panceri (Docteur).....	13 *décembre* 1873.	Ses principaux travaux en Egypte : Cryptogames dans un œuf d'autruche. Glandes du chameau. Albinisme de certains poissons du Nil. Suture de l'os frontal chez les arabes. Infibulations. Venin des serpents égyptiens. MM. Pereyra. Dr Neroutzos Bey. Dr Bimsenstein. Mustapha Effendi Magdaly. Sauvaire.
id.	18 *avril* 1874	Influence du venin des serpents sur les autres animaux et sur eux-mêmes.
Pensa (Docteur).	22 *fév.* 5 *et* 30 *mars*, 12 *avril* 1861...	Constitution médicale de la ville d'Alexandrie pendant l'année 1860. Grippe abdominale en particulier. MM. Dr Abbate Dr Colucci Bey. Dr Schnepp. *Mémoires V.* 1.
id.	3 *mai* 1861.......	Opinion erronée qu'il est plus difficile de diagnostiquer les maladies des enfants que celles des adultes.
Piot...............	5 *décembre* 1884..	Vaccination préventive de la peste bovine.

Piot........................	10 *avril* 1885.....	Le Régime du bersim.
id.................	1er *mai* 1885.....	Du Parasitisme dans l'étiologie des maladies en Egypte.
id.................	5 *février* 1886....	Aperçu des travaux et des découvertes de M. Pasteur.
id.................	18 *juin* 1886.....	La rage en Egypte. M. Dr Abbate Pacha.
id	31 *décembre* 1886.	Note pour servir à l'histoire de la rage en Egypte. M. Dr Abbate Pacha.
id.................	4 *février* 1887....	Cas de rage canine officiellement constaté en Egypte. Nécessité de prendre des mesures prophylactiques. M. Gastinel Bey propose la création en Egypte d'un établissement analogue à l'Institut Pasteur.
id.................	3 *février* 1888....	Le ver de Médine et les animaux en Egypte. MM. Schweinfurth, sa transmission à l'homme. Dr Osman Bey Ghaleb, sa transmission à l'homme.
id.................	11 *janvier* 1889 ..	Présentation d'une notice de M. Piétrement sur la transformation artificielle par l'éducation. Le chien courant et le chien d'arrêt.
id.................	7 *juin* 1889......	Lettre au sujet de la dernière communication de S. E. Abbate Pacha sur la non spontanéïté de la rage chez les chiens égyptiens. M. Dr Abbate Pacha.
id.................	8 *novembre* 1889 .	Offre à l'Institut une brochure dont il est l'auteur, sur la castration des taureaux et des buffles par la ligature élastique.
id.................	27 *décembre* 1889.	Le Barbone du buffle, *El Kounaq*. M. Artin Pacha.
id.................	10 *janvier* 1890..	Alimentation du bétail au moyen de tourteaux de graines de coton.
id.................	7 *février* 1890....	La bronchite vermineuse épizootique du chameau.

Piot	6 *juin* 1890......	Prétendue maladie de la mouche, *El Debeh*. MM. Dr Cogniard. Dr Walter Innes.
id.	7 *novembre* 1890..	Influence des variations atmosphériques de la température sur la marche des maladies sporadiques ou épidémiques. Le *Tabanus albifacies,* insecte cause de la maladie dite de la mouche.
id.	26 *décembre* 1890.	Au sujet de l'emploi médical des *similia* et de la rage. M. Dr Abbate Pacha.
id.	6 *novembre* 1891..	Nécessité de créer des Instituts vaccinogènes en Egypte, avantage et économie du projet. MM. Dr Abbate Pacha. Dr Fouquet. Peltier Bey.
id.	4 *mars* 1892......	Nécessité de créer en Egypte un service de vaccination anti-rabique. M. Dr Abbate Pacha.
id.	6 *mai* 1892.......	Présentation des travaux de M. le Dr Calmette sur la vaccine et la rage. Présentation d'une pièce paléontologique.
id.	5 *février* 1893....	La tuberculine et la malléine. MM. Dr Issa Pacha Hamdi. Dr Hassan Pacha Mahmoud.
id.	29 *décembre* 1893.	Présentation d'ouvrages de MM. les Drs de Brun et Calmette.
Piot Bey.	1er *juin* 1894.....	L'eau d'alimentation dans les villes du Caire et d'Alexandrie. MM. Artin Pacha. Dr Abbate Pacha. Barois. Groff.
id.	11 *janvier* 1895..	Présente le cœur d'un bœuf. Anévrysme sacciforme de l'artère coronaire gauche. M. Dr Abbate Pacha.
id.	6 *novembre* 1896..	Présentation d'une notice des Drs Von Eichstorff et Trekaki sur une nouvelle origine des fistules urétrales.

PIOT BEY.	6 *mai* 1896	A propos de la rage, création d'un Institut anti-rabique. MM. Dr ABBATE PACHA. Dr ISSA PACHA HAMDI. NICOUR BEY.
id.	13 *mai* 1898.....	Analyse du dernier rapport annuel sur les opérations du service sanitaire vétérinaire d'Alexandrie.
id.	4 *novembre* 1898..	Le quatrième Congrès pour l'étude de la tuberculose. M. Dr ABBATE PACHA. La Vanadine.
id.	13 *janvier* 1899..	La première exposition de bétail en Egypte.
POLAK..............	28 *août* 1863.....	Mémoire sur le bouton d'Alep, traitement préventif.
PROVIN.	5 *octobre* 1860....	Cas de morsure de serpent traitée et guérie par un barbier arabe. Ligature des membres. MM. Dr SCHNEPP. COLUCCI BEY. GRÉGOIRE.
id.	7 *décembre* 1860..	Sur l'albumine des œufs de poule en Egypte. MM. Dr COLUCCI BEY. Dr SCHNEPP. SIDNEY SMITH SAUNDERS.
REGNY BEY (De)......	6 *novembre* 1874.	Note sur les statistiques animales de Darwin. Naissance de deux jumeaux soudés l'un à l'autre.
id.	30 *avril* 1875....	Au sujet d'un monstre double signalé dans la séance du 2 avril 1875.
REY (Docteur)........	—	Note sur l'hygiène navale des anciens. *Manuscrit.*
ROSSI (Docteur).......	*séance annuelle* 1863	De la nécessité d'une géographie médicale de l'Egypte.
ROSSI BEY (Docteur)...	23 *février et* 30 *mars* 1883.....	L'unité du genre humain prouvée par l'histoire du peuple juif.
id. ...	7 *mars* 1884.....	Du choléra.
id. ...	20 *juin* 1884.....	Des énivrants et de l'hypnotisme.
id. ...	4 *février* 1887 ...	Quelques mots sur la rage. M. Dr ABBATE PACHA.

Rossi Bey (Docteur)...	30 *décembre* 1887.	Utilité de la création d'un ministère de la santé publique. *Non publié.*
Saleh Bey Soubhi (Dr).	2 *avril* 1897.....	Sur un mode de traitement préventif et curatif de la peste bubonique. *Non publié.*
Santarnecchi (Docteur)	3 *avril* 1891	Etude sur le daltonisme. MM. Bonola Bey. Artin Pacha.
Schiess Bey (Dr), et Kartulis	3 *novembre* 1893.	Mémoire sur les résultats de 48 injections de la tuberculine.
Schnepp (Docteur). ..	2 *décembre* 1859..	Analyse de l'ouvrage de Pruner Bey. L'homme dans l'espace et le temps.
id.	6 *avril* 1860	Le Rabbin Amran et son traitement des hernies étranglées ; insuccès.
id.	20 *avril* 1860. ...	Mortalité en Egypte pendant les années 1858-1859 ; plus de la moitié de la population n'atteint pas l'âge de dix ans. Deux observations de fièvres complexes. *Anemia ægyptiaca.*
id.	27 *juillet* 1860...	Rapport sur le mémoire de M. Chafey Bey. Médecine empirique des arabes. MM. Grégoire. Dr Colucci Bey.
id.	21 *septembre* 1860.	Maladie cutanée constatée et suivie chez un barbarin. M. Dr Pensa.
id.	16 *novembre* 1860.	Etudes cliniques sur l'arseniate de caféine et l'acide tanno-arsenieux préparés par M. le professeur Gastinel.
id.	14 *juin et* 12 *juillet* 1861.	Des fièvres typhiques et de l'apparition du typhus exanthématique en Egypte.
id.	10 *janvier* 1862..	Maladies prédominantes dans la population indigène en Egypte. MM. Dr Abbate. Dr Colucci Bey. Dr Ogilvie. de Montaut.

		Conclusion de la discussion. — Les médecins, soignant les enfants, doivent faire des études non seulement cliniques mais encore physiologiques et pathologiques sur le bouton. *Non publié.*
SCHNEPP (Docteur)....	—	Rapport sur la division des femmes et des enfants à l'hôpital d'Alexandrie. *Manuscrit.*
SCHWEINFURTH (Prof)..	5 *décembre* 1873..	Rencontre dans le pays des Monbouttous des pygmées cités par Herodote. M. MARIETTE BEY.
id. ..	6 *mars* 1885.....	Les ateliers d'outils en silex dans le désert oriental de l'Egypte.
id. ..	4 *mars* 1887.....	Peuplades de la région explorée par le Dr Yunker dans le bassin de l'Ouelle-Makoua.
SICKENBERGER........	7 *décembre* 1894..	Stérilisation de l'eau au moyen de l'hypochlorite de chaux. M. Dr ABBATE PACHA.
SONSINO (Docteur)....	22 *octobre* 1875...	Prétendu remède contre la rage connu des bédouins de Zagazig. — Insecte employé dans le même but à Bir-Abou-Bala. M. Dr GAILLARDOT BEY. Cet insecte est une espèce de Mylabris.
		Etude sur la *Bilharzia hematobia.* — *La filaria sanguinis humani.* MM. Dr NEROUTZOS BEY. Dr BIMSENSTEIN. — Le Dr Sonsino a-t-il connu le Dr Gueber.
id.	13 *janvier* 1877 *et* 23 *décembre* 1881.	Observation à Zagazig d'un cas de destruction de la face par la *lucinia hominivorax.*
		Les hématozoaires : La *Bilharzia hematobia.*
		La *filaria sanguinis humani.*

SONSINO (Docteur)....	1er *mai* 1885.....	Aperçu sur les études helminthologiques en Egypte.
id.	31 *décembre* 1897.	La *Myasis muscosa*.
id.	—	Contributo alla entozoologia d'Egitto. *Mémoires V. 3.*
TESTA (Victor).......	—	Critique des théories modernes sur l'origine de l'homme. *Manuscrit.*
TREKAKI (Docteur)....	31 *décembre* 1897.	Origine des calculs urinaires en Egypte. MM. PIOT BEY. Dr ABBATE PACHA. Dr SONSINO. FOURTAU.
VECCHI (DE)..........	—	Remède contre la rage employé dans l'Inde. *Manuscrit.*
VENTRE BEY.........	9 *octobre* 1894....	Action désinfectante du chlorure de soude.
WARENHORST (Docteur)	9 *février* 1866....	Mémoire sur le choléra. Son caractère contagieux nécessite des quarantaines de 25 et même de 40 jours. *Non publié.*
ZEMICHE (Docteur)....	3 *octobre* 1863....	Mémoire sur un cas très intéressant de l'*Ulcus profondum perforans ventriculi.* — Guérison. MM. Dr ABBATE. Dr OGILVIE BEY. Importance des autopsies en Egypte, vu les accusations gratuites d'empoisonnement.
ZITTEL.............	18 *avril* 1874.....	La géologie et la mission Rohlfs. MM. Dr GAILLARDOT BEY. — Origine des dunes. — Sources thermales. — Grès de Nubie. — Bois pétrifiés. MARIETTE BEY. — Silex. — Bois pétrifiés.
id.	6 *novembre* 1874..	Lettres sur les collections de Figari Bey à Florence. Forêt pétrifiée. — Silex.

III

ARCHÉOLOGIE — ART ARABE — EGYPTOLOGIE.

ABBATE (Docteur).....	10 *décembre* 1869.	Bas-relief de Kom-el-Ahmar. M. LEPSIUS.
id.	4 *février* 1870....	Sur un sujet d'archéologie médicale.
ABBATE BEY (Doct.)...	21 *mai* 1880.....	Des Vases Canopes.
id. ...	31 *mars* 1882....	La Statue Royale de Memnon.
ABBATE PACHA (D^r)...	2 *mars* 1894.....	C'est par hasard que les étoiles ont été peintes en vert. (Communication de M. Groff sur la plus ancienne observation astronomique).
id. ...	6 *mars* 1896.....	Le Sarcophage de la princesse Bent-Anta.
ABBATE (W.)...	6 *juin* 1890......	Reproduction des chefs-d'œuvres de l'art égyptien et arabe, d'après un projet de M. Luigi Bey.
id.	6 *janvier* 1893...	Les Buttes de décombres du Caire.
AMELINEAU..........	4 *décembre* 1885..	Deux documents Coptes écrits sous la domination arabe.
ARNAUD BEY (Colonel d')	20 *mars* 1868....	Etat de la colonne de Pompée. M. Dr COLUCCI BEY.
ARTIN BEY..........	16 *novembre* 1883.	*Bab Zoueileh* et la mosquée *El Moyed*
ARTIN PACHA........	4 *juin* 1885......	*Zul Kadr* et *Bab Zoueileh*.
id.	7 *mai* 1886.......	Description de six lampes de mosquée en verre émaillé.
id.	18 *juin* 1886.....	Traduction de la Notice de Mohammed Rachad Effendi sur la prison de Louis IX à Mansourah. M. MASPERO.
id.	5 *novembre* 1886.	Compte-rendu des travaux du Congrès des Orientalistes à Vienne (Autriche). *Non publié.*
id.	4 *novembre* 1887.	Monnaies du Mahdy Mohammed Ahmed. MM. GUIGON BEY. FRANZ PACHA. BONOLA BEY.

ARTIN PACHA.......	4 *mai* 1888......	Trois différentes armoiries de Kaït Bey.
id.	7 *décembre* 1888.	Une pièce d'or fabriquée par ordre du Mahdy.
id.	3 *mai* 1889......	Une nouvelle pièce de monnaie en argent frappée à Oumm-Dourman.
id.	3 *juin* 1892......	Notice sur quelques monnaies en argent frappées à Oumm-Dourman.
id.	29 *décembre* 1893.	L'Antiquité du verre.
id.	2 *février* 1894....	Notice sur les monnaies du Mahdy et du khalife Abdullah du Soudan.
id.	8 *novembre* 1895.	Le Nil bleu, son nom originaire et véritable.
id.	10 *janvier* 1896..	Le Sarcophage de la princesse Bent Anta.
id.	1er *avril* 1898....	Découverte par M. Loret du tombeau de Thoutmès III. — Les Réservoirs du Nil. — La disparition du Khalig.
id.	13 *mai* 1898.....	Un sabre de l'émir Esbek el Yous soufi el Zahery.
AUBERT-ROCHE.....	16 *mai* 1860.....	Signale un bloc de grès portant de belles inscriptions hiéroglyphiques sur les bords du lac Ballah.
BAUME............	20 *mars* 1868....	Inscription sur onyx découverte à Ramleh. — Petit temple de style dorique découvert au même lieu. M. GILLY.
BERCHEM (Max van)....	22 *avril* 1887.....	Notice sur la mosquée El Goyaschi au Mokattam. — Inscription Coufique trouvée dans des ruines au vieux Caire.
id.	—	Une mosquée du temps des Fatimites-Gama el Goyaschi. *Mémoires V*. 2.
id. ...	5 *février* 1893...	Note sur un corpus des inscriptions arabes du Caire. M. GAY-LUSSAC.
id.	—	Inscriptions arabes de Syrie. *Mémoires V*. 3.

Bernard (H.).........	21 *mars* 1873....	Au sujet des fouilles poursuivies à Chypre par deux élèves de l'Ecole Française d'Athènes.
Bonola Bey.........	—	Note relative à des monnaies du Mahdy présentées par S. E. Artin Pacha en novembre 1892. *Manuscrit.*
Botti..............	3 *avril* 1896.....	Inscription d'Arsinoë-Philadelphos à la colonne de Pompée. — Papyrus du musée d'Alexandrie.
id................	5 *février* 1897....	Fouilles d'Alexandrie. — Le grand escalier de l'Acropole, l'Isium de la colonne.
Bouriant............	—	Fragments Bachmouriques. *Mémoires V. 2.*
id............	—	Sur trois tables horaires Coptes. *Mémoires V. 3.*
Brugsch Bey.........	18 *avril* 1874....	Etudes sur les textes hiéroglyphiques relatifs aux oasis.
id.........	2 *mars* 1894.....	Découvertes faites à la pyramide de Dashour.
id.........	10 *janvier* 1896..	Sarcophage de la princesse Bent Anta.
id.........	17 *avril* 1896....	Entrées au musée pendant la campagne de 1896.
Brugsch Pacha.......	4 *mars* 1881.....	Lettres relatives aux pyramides de Saqqarah.
Caron..............	3 *avril* 1896.....	Monnaies frappées par les Croisés à Damiette, du 5 novembre 1219 au 7 septembre 1220 et notice sur Jean de Brienne, roi de Jérusalem.
Casanova............	6 *mars* 1891.....	Etudes sur les inscriptions arabes des poids et mesures en verre des collections Fouquet et Innes.
Ceccaldi............	7 *mars* 1862.....	Inscriptions trouvées dans le lieu dit le camp de César.
Chambure (De)......	2 *mars* 1860.....	Présente et offre à l'Institut, un vase cinéraire en terre cuite.
Clermont-Ganneau...	8 *août* 1873......	Lettre au sujet de deux petits ossuaires juifs donnés à l'Institut en 1860 par feu le Dr Schnepp et par M. Colonna Ceccaldi.

Colucci Bey (Docteur).	8 *juillet* 1868....	Au sujet de l'érection de la statue équestre de Mohammed Ali et de l'ancien usage de placer à côté de la statue des grands hommes, des Obélisques. Obélisques dites Aiguilles de Cléopâtre. MM. Dr Paolo Colucci. Dr Abbate. Dr Gaillardot.
Colucci Pacha (Doct.).	19 *novembre* 1875.	Intention de S. A. le Vice-Roi de faire publier à Boulaq les manuscrits arabes, disséminés dans les musées et collections en Europe.
Confidati..........	12 *février* 1864...	Mémoire sur une médaille trouvée en Ombrie et dont il fait hommage à l'Institut.
id.	2 *novembre* 1866.	Offre à l'Institut une collection de médailles.
Cope Whitehouse.....	6 *avril* 1888.....	Découverte près Zagazig d'un cartouche royal portant le nom de Raïan. M. Brugsch Bey.
id.	8 *mars* 1889.....	Présentation de deux photographies de deux anciens temples situés au nord de Birket Keroun dans le Fayoum.
Daressy..........	1er *décembre* 1893	Description des Mastabas de Mér'a et de Kabi'n.
id.	2 *février* 1894....	Inscription hiératique d'un mastaba d'Abousir.
id.	13 *avril* 1894....	Fouilles opérées par le service des antiquités, dans la nécropole de Dashour.
id.	4 *mai* 1894......	Note sur un signe hiéroglyphique représentant le soleil à son lever.
id.	11 *janvier* 1895..	Les tombes de Moalla du VIIe au XIIe siècles.
id.	1er *mars* 1895....	Une représentation de vaisseaux Phéniciens dans une tombe de la XVIIIe dynastie.

Daressy...........	6 *décembre* 1895..	Une inondation de l'Egypte sous la xxiie dynastie. MM. Dr Abbate Pacha. Artin Pacha. Barois.
id.	17 *avril* 1896....	Fouilles de Medinet Abou.
id.	7 *mai* 1897.......	Sur deux vases gradués du musée de Ghizeh.
id.	3 *décembre* 1897..	Un vase gradué du musée Egyptien du Louvre.
id.	4 *nvvembre* 1898..	Exploration archéologique de la Montagne d'Abydos.
id.	—	Le Mastaba de Mera. *Mémoires V.* 3.
Deveria.............	20 *septembre* 1861.	Le manuscrit biographique de Bakenkhounsou, grand prêtre d'Ammon et architecte principal de Thèbes. MM. Mariette. Dr Schnepp, prétendue longévité des anciens Egyptiens. *Mémoires V.* 1.
Dufeu	6 *mars* 1874	But des pyramides.
Duthil..............	6 *février* 1891....	Observations sur 527 médailles Alexandrines parvenues au musée de Guizeh en 1889.
id.	3 *novembre* 1893 .	Hapi, le dieu Nil et les monnaies Romaines en Egypte. MM. De Morgan. Dr Fouquet.
id.	5 *janvier* 1894 ...	Arrivée exacte de l'empereur Hadrien en Egypte, d'après une monnaie, grand bronze, des médailles de Ghizeh.
id.	4 *mai et 1er juin* 1894	Signification des palmes et des couronnes sur les monnaies Alexandrines.
id.	1er *février* 1895..	Divinités et signes astronomiques des monnaies Alexandrines. MM. Dr Abbate Pacha. William Groff.
id.	8 *novembre* 1895..	La Numismatique Alexandrine ; les terre cuites du Fayoum et l'origine de l'étoile et du croissant. M. Artin Pacha.

Duthil..........	3 *avril* 1896.....	Divinités et signes astronomiques figurés sur les monnaies Alexandrines.
id.	6 *novembre* 1896..	Signes astronomiques, divinités, symboles relevés sur les monnaies Alexandrines et confirmés par des monuments divers. M. William Groff.
id.	5 *février* 1897....	Nouvelles formes du dieu Nil et de la déesse Anouké, sa compagne, d'après des monnaies et des stèles du musée Gréco-Romain d'Alexandrie.
		Le Phare antique d'Alexandrie d'après les monnaies et un fac-simile en terre cuite, de la domination Romaine en Egypte. MM. William Groff. Dr Abbate Pacha.
id.	5 *novembre* 1897..	Sur trois monuments en marbre blanc du musée d'Alexandrie.
Floyer..........	2 *février* 1894....	Muraille antique au sud du temple de Denderah.
id.	11 *janvier* 1895..	Quelques tombeaux inexplorés à Mouallah. MM. Daressy. Fourtau. Barois.
Fouquet (Docteur)....	3 *novembre* 1893.	Présentation de pièces archéologiques. Amulette en verre portant des cartouches royaux de la XVIIIe dynastie. M. de Morgan.
id.	6 *mars* 1896	Note pour servir à l'histoire de l'embaumement en Egypte. M. Dr Abbate Pacha.
id.	—	Contribution à l'étude de la céramique orientale. *Mémoires V. 4.*
Franz Pacha.......	5 *décembre* 1890..	L'Andalousie et les monuments arabes.
Gaillardot Bey (Doct.)	21 *mars* 1873	Découverte, par M. Clermont Ganneau, à Jérusalem, des deux stèles que le roi Hérode avait fait élever autour du parvis sacré du temple.

Gaillardot Bey (Doct).	19 *décembre* 1873.	Dépôt de statues trouvé à Amrith. MM. de Regny Bey. Dr Colucci Bey. Dr Bimsenstein.
id.	22 *octobre* 1875...	Congrès de l'Association Française pour l'avancement des sciences, tenu à Nantes en 1875.
Garnier............	7 *mars* 1862......	Les Fouilles de Ninive.
Gatteschi............	17 *juin* 1862.....	Propose de constituer un musée avec les antiquités découvertes à Alexandrie.
id.	2 *février* 1866....	Propose de nommer une commission chargée de suivre les fouilles faites à Alexandrie.
Gavillot............	6 *mars* 1896.....	Le sarcophage de la princesse Bent Anta.
Gilly (A.)...........	23 *mars* 1866	Fouilles du terrain d'El Hami Pacha.
id.	11 *mai* 1866	Notice sur l'hercule trouvé dans les fondations d'une maison de la rue de Rosette.
id.	1er *décembre* 1871.	Liste des noms des magistrats éponymes existant sur d'anciennes anses d'amphores trouvées à Alexandrie et transportées à l'Institut.
id.	29 *décembre* 1871.	Inscriptions latines trouvées à Alexandrie.
Grébaut............	1er *mai* 1885.....	La Métrique chez les anciens Egyptiens. *Non publié.*
id.	17 *juin* 1887.....	Dernier voyage d'inspection dans la Haute-Egypte.
id.	1889	Contribution des touristes en 1888-1889.
id.	7 *juin* 1889......	Les Fouilles de Louqsor.
id.	7 *février* 1890....	Note sur le transfert du musée de Boulac à Guizeh.
id.	1891.............	Contribution des touristes en 1890-1891.
Groff (William).....	5 *février* 1892....	Etude archéologique sur la malaria.
id.	1er *avril* 1892....	L'expression *mot-tamout*.

Groff (William)...... *4 novembre* 1892. Le Nil. Etude archéologique.
MM. Artin Pacha.
Sickenberger.
Ventre Bey.
Piot.

id. ..... *3 mars* 1893..... La plus ancienne observation d'un phénomène naturel ou astronomique.

id. ..... *7 avril* 1893...... Présentation d'un vocabulaire hiéroglyphique des plantes de Ahmed Bey Kamel.

id. ..... *3 novembre* 1893.. Note supplémentaire sur le mot Nil et la plus ancienne observation astronomique en Egypte.
MM. Dr Abbate Pacha.
de Morgan.
Sickenberger.
Ventre Bey.

id. .... *29 décembre* 1893. Sur le nom du fleuve d'Egypte.
MM. Artin Pacha.
Piot.
Ventre Bey.

id. ..... *2 mars* 1894...... Etymologie du mot Thèbes.

Date du papyrus n° 1 de Berlin.

2e annexe à la communication sur la plus ancienne observation d'un phénomène naturel ou astronomique.

id. ..... *13 avril* 1894..... Rôle joué par les couleurs chez les anciens Egyptiens.

id. ..... 1er *mars* 1895.... Note sur la région comprise entre le Nil et le Mokattam en face Ghizeh. Les *Essaba banat.*

id. ..... *6 décembre* 1895.. Sur un portrait de la fille de Pharaon qui sauva Moïse.

id. ..... *27 décembre* 1895. Sur le sarcophage ayant appartenu au duc d'Aumont, actuellement propriété de M. Gavillot et ayant renfermé les restes de la princesse Bent Anta, fille de Ramsès II, qui sauva Moïse des eaux.
MM. Artin Pacha.
Dr Abbate Pacha.
Ventre Pacha.
Dr Osman Bey Ghaleb.
Gavillot.

GROFF (William).....	10 *janvier et* 6 *mars* 1896......	Sur le sarcophage de la princesse Bent-Anta.
id.	18 *décembre* 1896.	Lois régissant l'emploi des couleurs chez les anciens Egyptiens. MM. SCHWEINFURTH. VENTRE PACHA. HERZ BEY. ARTIN PACHA.
id.	5 *novembre* 1897.	Etude archéologique. — Lois régissant l'emploi des couleurs chez les anciens Egyptiens au point de vue décoratif. Formule pour empêcher un naufrage.
		Les débuts du christianisme en Egypte.
id.	—	Etudes sur la sorcellerie ou le rôle que la Bible a joué chez les sorciers. *Mémoires V*. 3.
id.	4 *février* 1898....	L'éclipse de soleil et la lumière zodiacale.
		Les origines du christianisme en Egypte et la fondation de l'Église d'Alexandrie.
id.	4 *mars* 1898......	La lumière de Ramadan. M. Dr ABBATE PACHA.
id.	6 *mai* 1898.......	Deux textes historiques nouveaux.
		La stèle de Merenptah. — Le premier Évangéliste en Egypte. M. DARESSY.
HERZ (Max)..........	6 *janvier* 1893...	La polychromie dans la peinture et dans l'architecture arabes en Egypte.
HERZ BEY (Max)......	1er *avril* 1898....	La protection de l'architecture arabe.
HULST (D')	26 *décembre* 1891.	Les travaux Egyptologiques non officiels pendant l'été dernier. MM. BAROIS proteste contre l'accusation de négligence, portée contre le Gouvernement Egyptien, pour la conservation des monuments antiques. Dr ABBATE PACHA cite les réparations exécutées au temple de Philæ.

INNES (Walter).......	7 *mars* 1890......	Inscriptions arabes en caractères carrés.
JULLIEN (R. P.).......	10 *avril* 1885.....	Vestiges d'une route longeant la rive sud de l'Ouadi Guerraoui. MM. MASPERO. VIDAL BEY.
id.	4 *juin* 1886......	Note sur l'emplacement de l'ancienne Damiette.
KABIS..	21 *mai* 1880	Quelques papyrus Coptes du musée de Boulac.
KAY	14 *juin* 1874.....	Lettres sur les tombes Arabes du cimetière d'Assouan. MM. MARIETTE BEY. Marquis de CAZAUX.
LEFEBURE	11 *mai* 1883	L'Art Egyptien.
LEGRAIN.............	17 *avril* 1896	Travaux au grand temple d'Ammon à Karnak.
id.	5 *novembre* 1897..	Etude sur les Aqabahs.
id.	—	Les découvertes archéologiques et l'Institut Egyptien. *Centenaire.*
HOTELLERIE (P. de l')..	—	Petit monument funéraire punique anépigraphique. *Manuscrit.*
LIEBLEIN	13 *janvier* 1888..	Les stèles Egyptiennes du musée du Louvre.
LORET..............	4 *mars* 1898	Le tombeau de Thoutmès III.
id.	—	Histoire de l'Egyptologie. *Centenaire.*
id.	5 *mai* 1899......	Fouilles dans la nécropole de Memphis.
LUIGI.....	—	Della Fondazione di una scuola di scultura archeologica Egizia in Cairo. *Manuscrit.*
MAGDALY.EFF. MUSTAPHA	4 *février* 1870....	Offre à l'Institut des monnaies antiques trouvées à Aboukir.
MARIETTE BEY..... ..	3 *juin* 1859.	Présentation d'une grande quantité de bijoux recueillis sur la momie de la reine Aoh Hotep, trouvée à Thèbes.

MARIETTE BEY........	19 *mai* 1870.....	Etat des principales fouilles. MM. Dr GAILLARDOT BEY. PEREYRA. Dr ABBATE.
id.	.... 21 *mai* 1870.....	Au sujet des cryptes des temples et des tombeaux.
id.	.... 27 *mai* 1870.....	Les antiquités Mexicaines et les antiquités Egyptiennes. M. Dr GAILLARDOT BEY. Relations anciennes des Egyptiens avec les Indes, la Chine et peut-être l'Amérique. Campagne contre les Pounts.
id.	.... 16 *mai* 1871.....	Travaux en cours à Abydos et à Denderah. S. A. a approuvé le plan de Grand Bey pour la construction d'un musée à l'Ezbekieh. Les Papyrus de la collection Harris n'ont pas été achetés, vu les prétentions de la propriétaire. MM. Dr PAOLO COLUCCI. DE REGNY. GATTESCHI.
id.	.... 14 *juin* 1874.....	Travaux à Karnak. Pylône donnant une nomenclature géographique. M. Dr NEROUTSOS. Peuplades ennemies arrivées par mer.
id.	.... 10 *décembre* 1875.	Fouilles de Saqqarah et d'Abydos: Petit chameau en terre cuite d'Abydos. Dépôt de petites statuettes en bronze. (Saqqarah). Vase d'albâtre. (Saqqarah). Poids Egyptiens en granit. (Saqqarah). Cercueil avec 4 canopes (Saqqarah). Animaux connus des anciens Egyptiens. MM. Dr GAILLARDOT BEY. Dr ABBATE BEY.

MARIETTE PACHA.	20 *février* 1880..	Trois papyrus du musée de Boulac. Texte arabe et texte copte. — Emaux et verres coloriés fabriqués par les anciens Egyptiens.
id.	21 *mai* 1880.....	Des Vases canopes et des croyances religieuses des anciens Egyptiens.
MASPERO............	27 *mai* 1881.....	Fouilles de Saqqarah.
id.	18 *novembre* 1881.	La trouvaille de Deïr el Bahari.
id.	28 *avril* 1882....	Compte-rendu de son voyage annuel.
id.	10 *novembre* 1882.	Etude des textes hiéroglyphiques relatifs à la religion des anciens Égyptiens.
id.	11 *mai* 1883.....	Compte-rendu de son dernier voyage dans la Haute-Égypte,
id.	8 *février* 1884....	Idées des anciens Egyptiens sur la destinée de l'homme après la mort.
id.	10 *avril* 1885....	Fouilles exécutées en Égypte de 1881 à 1885.
id.	30 *mai* 1885......	Voyage d'inspection en 1884.
id.	2 *avril* 1886......	Fouilles et travaux pendant l'hiver 1885-1886.
id.	4 *juin* 1886... ..	Ouvertures des momies de Ramsès II et de Ramsès III.
id.	—	Les premières lignes des Mémoires de Sinouhit. *Mémoires V. 2.*
MERIONEC (de)........	9 *novembre* 1888..	Notice sur *Chaggarat Ouddour*.
MONTAUT (H. de)......	17 *février* 1860..	Signale les dégradations de la colonne de Pompée. MM. CORDIER. Dr SCHNEPP. Colonel D'ARNAUD.
id.	21 *février* 1862...	Proposition pour la restauration du monument dit colonne de Pompée. MM. PEREYRA. DE CHAMBURE. Dr SCHNEPP.
id.	7 *septembre* 1866.	Notes sur la représentation des figures animées chez les Musulmans. *Mémoires V. 1.*

MORGAN (de).........	1er *décembre* 1893.	Travaux exécutés par le Service des Antiquités pendant les deux années 1892 et 1893.
id.	3 *mai* 1895......	Travaux archéologiques effectués par le Service des Antiquités de l'Egypte et par les savants étrangers pendant les années 1894-1895.
id.	17 *avril* 1896....	Travaux effectués par le Service des Antiquités et par des savants étrangers pendant la campagne de 1895.
id.	7 *mai* 1897	Compte-rendu sommaire des découvertes archéologiques faites pendant le cours de l'année 1896-1897.
NEROUTSOS BEY	10 *novembre* 1871.	Trois inscriptions grecques récemment transportées à l'Institut. S. M. DON PEDRO.
id.	30 *mai* 1873	Notice sur une inscription grecque, trouvée dans un caveau mortuaire et dont l'estampage a été pris par les soins de l'Institut. — Collections Del Valle Del Paz et Sidney Smith.
id.	5 *décembre* 1873..	Notice sur cinq inscriptions grecques récemment acquises par l'Institut.
id.	28 *décembre* 1873.	Note sur une inscription découverte dans les fondations de la maison Zogheb.
id.	20 *février* 1874...	Le Calendrier Rhodien. M. GILLY.
		Notice sur les inscriptions amphoriques de la collection de l'Institut. MM. GILLY. PEREYRA. GATTESCHI. Dr GAILLARDOT. DE REGNY BEY.
id.	6 *mars* 1874.....	Inscription greco-latine existant à l'Institut et inscription latine découverte à Ramleh.

Neroutsos Bey.......	14 *juin* 1874.....	Inscription grecque trouvée au Caire par M. Daninos.
id.	15 *mars*, 30 *avril* 1875..........	Fouilles faites à Alexandrie pendant l'hiver 1874-1875. MM. Gaillardot. Dr Colucci Pacha. Kay.
id.	19 *novembre* 1875.	Inscription funéraire provenant de l'ancien cimetière romain de Nicopolis.
id.	19 *mai* 1876	Inscriptions céramiques de la Grèce, correspondance avec M. Dumont. M. Pereyra.
id.	4 *janvier* 1878...	Deux inscriptions commémoratives de l'érection des obélisques dans le Cesareum d'Alexandrie. MM. Dr Colucci Pacha. Gatteschi. Pereyra.
		Notice archéologique sur deux inscriptions byzantines de Cilicie des IVe et VIe siècles.
Panciera............	11 *août* 1868.....	L'Architecture en Egypte. *Manuscrit.*
Pereyra	2 *mars* 1860.....	Présente et offre à l'Institut deux vases cinéraires en terre cuite.
Ravaisse............	22 *avril* 1887....	Note sur deux *mihrabs* en bois sculpté conservés au musée de l'art arabe.
id.	—	Note sur trois *mihrabs* en bois sculpté. *Mémoires V. 2.*
Regny Bey (De).......	6 *novembre* 1874..	Divers fragments d'inscriptions recueillis à Arsinoë. M. Neroutsos Bey.
Rogers Bey..........	30 *avril* 1880.....	Note sur les papyrus postérieurs à l'ère chrétienne.
id.	24 *décembre* 1880.	Le Blason chez les princes musulmans de l'Egypte et de la Syrie.
id.	9 *décembre* 1881..	Mémoire sur certaines inscriptions coufiques en caractères carrés.
id.	17 *février* 1882...	La Numismatique musulmane. Notice sur quelques pièces rares et inédites.

Rogers Bey.........	25 *mai* 1883.....	Lieu de sépulture des Khalifes Abbassides de la deuxième dynastie.
Sauvaire.........	8 *avril* 1870.....	Communique la brochure de M. Clermont Ganneau sur la stèle du roi Mesa. MM. Dr Gaillardot. Dr Neroutsos Bey.
id.	10 *novembre* 1871.	Note sur un *dirhem* inédit appartenant à M. Kay.
id.	25 *avril* 1873....	Lettre à M. Rogers sur un dinar merdasside de la collection de ce dernier.
id.	30 *mai* 1873......	Inscription coufique de la collection del Valle de Paz.
		Inscription coufique donnée à l'Institut par M. Ravasini.
id.	19 *décembre* 1873.	Note sur deux inscriptions coufiques trouvées à Alexandrie.
id.	28 *décembre* 1873.	Note sur cinq inscriptions coufiques envoyées d'Assouau par M. de Romano.
id.	6 *mars* 1874.....	Note sur deux inscriptions coufiques trouvées à Alexandrie.
Schnepp............	3 *juin* 1859......	Présente les têtes de deux momies ouvertes récemment chez M. Sabatier. M. Mariette, les identifie. Graines trouvées à l'entrée du conduit auditif des deux oreilles de la momie de femme. Papyrus en parfait état de conservation.
id.	7 *février* 1862....	Fouilles aux environs d'Alexandrie. Offre de divers objets acquis par lui. M. De Montaut.
id.	21 *février* 1862...	Présente une nouvelle série d'autres objets qu'il offre pour la bibliothèque de l'Institut : Petite tombe grecque. Crâne. Vase cinéraire en plomb. Inscription sur marbre.

SCHNEPP............	7 *mars* 1862.....	Présente et offre une série d'objets antiques : Lampes funèbres. Anses. Vases de toutes formes.
THURBURN...........	2 *mars* 1860......	Au sujet de la restauration de la colonne de Pompée.
VASSALI............	17 *avril* 1863.....	Deuxième lettre à M. le Dr Carlo Cattaneo sur quelques monuments du musée Egyptien de Naples.
id.	30 *décembre* 1864.	Notice sur une sirène sculptée d'un sarcophage de Memphis.
VENTRE BEY.........	1er *avril* 1892....	Sur l'âge de l'ancien temple d'Assouan. M. GRÉBAUT.
id.	30 *décembre* 1892,	Essai sur les noms du fleuve Egyptien et sur l'étymologie du mot Nil. MM. WILLIAM GROFF. ARTIN PACHA.
id.	7 *avril* 1893.....	Les noms de Memphis et le mot pyramide. MM. Dr ABBATE PACHA. WILLIAM GROFF.
id.	5 *mai* 1893......	Note pour servir de complément à ses communications précédentes sur les noms du Nil.
id.	3 *novembre* 1893..	De l'origine des noms *Copte-Egypte Papyrus*. MM. BRUGSCH BEY. Dr ABBATE PACHA.
VENTRE PACHA.......	10 *janvier* 1896..	Au sujet de l'interprétation d'une inscription hiératique découverte à Luxor, par M. Daressy et relative à une crue extraordinaire du Nil.
id.	17 *avril* 1896....	Crue du Nil à Luxor.
id.	—	Sur trois tables horaires coptes. *Mémoires V.* 3.
VOLLERS............	2 *décembre* 1892..	Le neuvième Congrès international des Orientalistes à Londres en 1892.

ZUNZ.	22 *octobre* 1875. .	Signification du mot KNEM dans l'inscription des sépultures hébraïques.
MUSÉE DES ANTIQUITÉS. .	—	Objets entrés dans les collections du 1er janvier au 31 décembre de chaque année à partir de 1885.

IV

ASTRONOMIE — MÉTÉOROLOGIE — SCIENCES MATHÉMATIQUES PHYSIQUES ET NATURELLES — PUITS ARTÉSIENS

ABBADIE (ANT. D').	20 *mars* 1895.	Voyage sur les côtes de la mer Rouge et dans la Haute-Egypte. — Etude de diverses questions de physique du globe.
id.	—	Note sur le magnétisme terrestre et la géodésie expéditive. *Manuscrit*
id.	2 *juin* 1893.	Lettre au sujet de l'analyse du sol Egyptien. MM. VENTRE BEY. PIOT.
ABBATE BEY (Docteur). .	30 *avril* 1880.	Du rayonnement des étoiles au point de vue Egyptien.
id. . .	14 *décembre* 1883.	Note sur le *Haschisch*. MM. GASTINEL BEY. MASPERO. ARTIN BEY. ROGERS BEY.
ABBATE PACHA (Doct). .	6 *mai* 1887.	Origine et mode de développement de l'électricité atmosphérique. MM. VENTRE BEY. GASTINEL BEY. VIDAL BEY.
id. . .	9 *novembre* 1888.	Note sur la source située près de *Foum-el-khalig* au bas de gama Abou Saoud.

Abbate Pacha (Doct).	*4 avril* 1890.....	Communication de deux lettres de M. Gravier, ingénieur électricien, sur le rôle de l'électricité dans la formation de la pluie et sur les moyens de provoquer la chute de la pluie.
id.	.. *2 mai* 1890......	De l'emploi des pointes métalliques.
Abbate (W).........	*6 janvier* 1893...	Les buttes de décombres du Caire. MM. Sickenberger. Artin Pacha.
Arcelin.............	13 *décembre* 1872.	Lettre sur la question des silex taillés.
Arnaud Bey (Colon. d').	1er *juillet* 1859....	Tableau des courbes des crues annuelles du Nil pour les dix dernières années.
id.	2 *mars* 1860.....	Quelques observations sur la pisciculture. MM. Espinassy Bey. Dr Schnepp. Dr Colucci Bey.
id.	16 *mars* 1860....	Les plantes aquatiques du Haut Nil colorent les eaux au moment de la crue et sont causes de la richesse du limon.
id.	—	Observations des crues annuelles au barrage, de 1846 à 1862. Leur comparaison avec celles indiquées par le *Meghyas*. *Mémoires V. 1.*
Artin Pacha.........	17 *juin* 1887.....	Note sur le *dra el cheri*, coudée canonique légale.
id.	27 *décembre* 1889.	Signes employés dans la comptabilité Copte, pour la transcription des fractions.
id.	4 *décembre* 1891..	Le *Coroside crossotosoma œgyptiacum.* M. Sickenberger. On fait venir d'Australie un coléoptère qui le détruit.
id.	8 *novembre* 1895..	Mémoire sur un hémérologe simplifié avec application à la chronologie. M. Dr Abbate Pacha.

Artin Pacha........	10 *janvier* 1896..	Premier puits artésien creusé dans la vallée du Nil. M. Dr Abbate Pacha.
id.	6 *mars* 1896......	Les sondages en Egypte.
Ascherson	18 *avril* 1874	La botanique à l'expédition Rohlfs.
id.	—	Illustration de la flore d'Egypte. *Mémoires V.* 2.
Aubert Roche.......	15 *juillet* 1859 ...	Observations météorologiques faites à Port-Saïd, pendant le mois de janvier 1859.
id.	16 *mars* 1860....	La fermentation de la pâte dans la fabrication du pain. MM. de Chambure. Espinassy Bey. Dr Schnepp.
		Haute marée du 8 février 1860.
Aubusson (D')........	5 *mai et* 2 *juin* 1893	Esquisse de la faune Egyptienne. Batraciens et poissons du Nil.
Bahri (Gabriel).......	11 *janvier* 1895..	Note sur le chlore contenu dans l'eau du Nil. MM. Fourtau. Dr Abbate Pacha.
Barois....	7 *mai* 1886.......	Note sur le pétrole de la mer rouge. M. Vidal Bey, cite un ouvrage récent sur le pétrole, contenant des mentions qui paraissent peu justifiées.
id.	7 *décembre* 1888..	Présente une notice publiée à Constantinople, par M. Lacoine, donnant le moyen de transformer une date quelconque de l'Hegyre, en date de l'ère Julienne ou Grégorienne et réciproquement.
id.	7 *juin* 1889......	Note sur le climat du Caire. M. Ventre Bey.
id.	7 *novembre* 1890..	Comparaison entre les températures de plusieurs villes de la Basse Egypte.
id.	30 *décembre* 1892.	Note sur l'humidité relative de l'atmosphère dans les villes de la Basse Egypte.

Barrière Bey (P.)....	30 *décembre* 1892.	Notice sur la stabilité des voûtes. *Manuscrit.*
Barthélémy Lapommeraye.............	12 *avril* 1861	Note sur un carabe fossile trouvé dans le gypse sédimentaire des environs d'Aix. *Non publié.*
Bernard (H.)	26 *janvier* 1883...	Les Israélites ne connaissaient pas le chien, qui est pourtant représenté sur les manuscrits de l'ancienne Egypte. *Non publié.*
Bimsenstein (Docteur).	3 *avril* 1874.....	Critique des lettres de M. Zittel sur ses études dans le désert lybique.
Bonola Bey..........	3 *juin* 1892......	A propos d'une lettre de M. d'Abbadie sur la coloration verte de l'eau du Nil pendant la *Nokta.* M. Sickenberger.
Borelli Bey.........	4 *avril* 1890......	Explications sur les envois d'eau du Nil et de limon desséché faits à M. d'Abbadie.
Brlül	2 *février* 1894....	Lettre sur la géologie de la région de Mariout.
Burguières Bey.. ...	21 *octobre* 1859...	Examen du limon et de l'eau du Nil.
Burton (Capitaine)....	9 *mai* 1877	La presqu'île du Sinaï. Anciennes mines d'or.
Calvert............	15 *mars* 1875....	Traces de pattes d'oiseaux trouvées dans une couche de calcaire à Ramleh.
Carmier	6 *novembre* 1896.	Forage d'un puits dans l'Ezbeh de S. E. Artin Pacha à Rahmanieh.
Chambure (de).....	5 *mars* 1861.....	Du Problème relatif à la marche du cavalier au jeu des échecs. *Mémoires V. 1.*
id.	15 *décembre* 1861.	La Silice nuit au développement du blé en Égypte. MM. Colonel d'Arnaud Bey. Dr Schnepp.
id.	4 *avril* 1862.....	Présentation du giroscope de M. Léon Foucault.

CHEFIK BEY MANSOUR..	8 *juin* 1888......	Le Quadrant Destour, instrument employé jadis pour simplifier les calculs.
COLUCCI BEY (Doct.)...	9 *septembre* 1859.	Tableaux indiquant les hauteurs de la crue, prises au Meghyas, du 28 juin au 6 septembre 1859, ainsi que celles de l'année précédente.
id. ...	21 *octobre* 1859..	Tableaux indiquant les hauteurs de la crue en 1858 et 1859, du 13 septembre au 17 octobre.
id. ...	18 *novembre* 1859.	Les insectes ravageurs des céréales.
id. ...	17 *juillet* 1860...	Tabbleau comparatif de la crue en 1859 et 1860. M. Dr SCHNEPP. Inexactitudes des publications officielles. Leurs causes. *Non publié.*
id. ...	21 *septembre* 1860.	Notes sur les recherches et les observations météorologiques faites jusqu'à ce jour en Égypte. — Importance de la recherche de l'état électrique en temps de Khamsin. MM. LÉONIDAS LIGHOUNES. Dr SCHNEPP.
id. ...	28 *juin* 1861.....	Relevé comparatif des crues prises au Meghyas, de 1850 à 1860. M. Dr SCHNEPP.
id. ...	3 *octobre* 1863....	Mesures prises en cas d'épizooties en Égypte et en France.
id. ...	9 *février* 1866....	Eaux thermales découvertes au Mex.
id. ...	—	A propos du blé de momie et de sa faculté germinative. *Manuscrit.*
COLUCCI (Doct. Paolo).	17 *avril* 1863....	Examen d'un problème de géométrie, de M. Pasqualini : Mesure de la surface d'un dodécagone régulier. *Manuscrit.*
CORDIER....	5 *août* 1859.....	Vu l'intérêt de la connaissance de la crue, regrette de ne pas trouver

		à chaque séance un tableau des hauteurs des eaux. M. Dr Colucci Bey. — Ce tableau sera dressé tous les huit jours par les soins de l'Intendance sanitaire.
		Sources d'huile de pétrole de Gebel-zeit et de Tor.
Danilo et Sandri.....	—	Espèces malacologiques de leurs collections. *Manuscrit.*
Deflers.............	—	Les Asclépiadées de l'Afrique tropicale. *Mémoires V.* 3.
Delchevalerie.......	28 *décembre* 1872.	Les plantes exotiques cultivées en Égypte. *Manuscrit.*
id.	19 *décembre* 1873.	Notice sur l'Embrevade. *Manuscrit.*
id.	6 *mai* 1898......	Sur le ver dévastateur des pommes et des poires et le ravageur des capsules du cotonnier, M. Walter Innes Bey.
Eckhold............	5 *août* 1859.	Mémoire sur le boisement de l'Égypte. *Manuscrit.*
Espinassy Bey.......	19 *avril* 1859....	Tableau de la crue du Nil du 31 juillet au 5 août en 1858 et 1859.
id.	5 *août* 1859.. ..	Rapport au nom d'une commission sur le Mémoire de M. le professeur Gastinel : *Etude topographique, chimique et médicale des eaux thermales salines sulfureuses de Hélouan, près Tourah.* MM. Chafey Bey. Eaux de Beni-Bira. Cordier.
id.	2 *décembre* 1859..	Echantillons de glutens provenant des blés des sept différentes provinces de l'Égypte. La levure de bière.
id.	—	Composition chimique des blés d'Egypte. *Mémoires V.* 1.

Fakhry Pacha	7 *février* 1896....	Présente la coupe géologique des sondages de Tantah, exécutés par M. Karl Abel.
Figari Bey	15 *juillet* 1859 ...	Lettre au sujet du boisement de l'Egypte.
id.	21 *octobre* 1859...	Est chargé d'analyser le limon et l'eau du Nil.
id.	2 *décembre* 1859..	Rapport sur le mémoire de M. Eckhold sur le boisement de l'Egypte et plantations de forêts sur la limite du désert. *Manuscrit.*
		Note sur la culture des mûriers. *Manuscrit.*
		Note sur le travail de M. Grégoire, traitant de l'éducation des vers à soie.
id.	3 *février* 1860....	Nécessité d'établir un jardin de culture expérimentale et de naturalisation en Egypte.
id.	4 *mai* 1860	Rapport sur la création d'un jardin d'acclimatation au Caire et à Alexandrie. MM. Dr Schnepp. Aubert-Roche.
id.	12 *avril* 1861	Sens de l'expression arabe *Kohle*. MM. Gastinel. Kabis.
id.	30 *novembre* 1861.	Expériences sur plusieurs échantillons de blé des momies, arrêt de développement des blés egyptiens. MM. Dr Abbate. Grégoire. Pereyra. Dr Schnepp.
id.	—	Aperçu théorique de la géographie géognostique de l'Afrique centrale. *Mémoires V. 1.*
id.	7 *mars* 1867	Note servant de complément à son travail sur l'Egypte. MM. Dr Abbate. Dr Colucci Bey.

FLOYER.............	5 *janvier* 1894...	Note sur l'emploi d'une argile comme matière fertilisante dans la Haute-Egypte.
id.	2 *mars* 1894.....	Les cadrans solaires primitifs de la Haute-Egypte.
id.	7 *décembre* 1894..	Plantes des Indes les plus propres à relier les sols sablonneux, avec l'indication des régions de l'Egypte où elles se rencontrent.
id.	8 *novembre* 1895..	L'âge du grès Nubien et l'érosion par l'eau et le vent.
		Sur la culture en Egypte de l'*Agava rigida sisalana* et d'autres plantes utiles.
id.	7 *février* 1896....	Note relatives aux récentes découvertes de M. Deherain.
id.	6 *mars* 1896.....	Présentation de courbes.
		Variation entre le temps vrai et le temps moyen.
		Evaporation quotidienne d'une eau provenant de la lessive des argiles à nitrate.
id.	6 *novembre* 1896..	Lettre sur le résultat de ses recherches sur les puits forés en Egypte et relevé des coupes par M. Joanides.
FOURTAU...........	6 *mai* 1892.. ...	Les minéraux de la région de Kosseïr et les Carrières de Syout. M. SICKENBERGER.
id.	3 *mars* 1893.....	La région du Mariout. MM. ARTIN PACHA. WILLIAM GROFF.
id.	5 *janvier* 1894...	Formation du *tafla*.
id.	2 *février* 1894....	Les phosphorites.
		Le Nil et son action géologique en Egypte.
id.	13 *avril* 1894....	Nouvelles observations sur le *tafla* et les phosphorites de chaux.

FOURTAU .... 7 *décembre* 1894.. Etude géologique sur le Ghebel Ahmar.

id. .... 11 *janvier* 1895.. Eau du Nil, silicates solubles, point du Nil le meilleur pour les observations.

id. .... 1er *février* 1895.. Le Nil et son action géologique. — 2e partie.

Le Fayoum et le lac Mœris.

Considérations géologiques sur l'époque et le mode de formation des ravins du Fayoum.

MM. ARTIN PACHA.
Dr ABBATE PACHA.

id. .... 5 *avril* 1895..... Notes et observations géologiques sur les environs du vieux Caire.

MM. SCHWEINFURTH.
ARTIN PACHA.

id. .... 1er *mai* 1896..... Note sur les forages exécutés en Egypte.

M. ARTIN PACHA.

id. .... 4 *décembre* 1896.. Les puits artésiens et les puits forés en Egypte.

MM. Dr ABBATE PACHA.
ARTIN PACHA.
WILLIAM GROFF.

id. .... 2 *avril* 1897..... Les *sismondia* du terrain nummulitique d'Egypte et les bancs de *calliannassa*.

id. .... 7 *mai* 1897..... Note sur les poissons fossiles de l'éocène du Mokattam.

id. .... 3 *décembre* 1897.. Note sur le paléolithique en Egypte.

id. .... 21 *janvier* 1898... Les sables pliocènes des environs des pyramides de Ghizeh.

id. .... 1er *avril* 1898.... Note sur les phosphates de chaux en Egypte.

id. .... 4 *novembre* 1898. Annonce un travail de M. Priem sur les restes des poissons fossiles du tertiaire d'Egypte.

Il signale la présence d'*ostrea pseudo-africana* (Choffat) dans le crétacé du Sinaï.

Fourtau............	3 *mars* 1899.....	Note pour servir à l'histoire des Echinides fossiles d'Egypte.
id.	5 *mai* 1899......	Signale à l'Institut la découverte faite par M. le Dr Max Blankenhorn, constatant que les assises qui forment le Gebel Chebrewet sont cénomaniennes.
		Résultat des études de M. Priem sur des restes de poissons fossiles recueillis aux environs du Caire et des pyramides de Ghizeh.
id.	—	Revision du catalogue des Echinides fossiles d'Egypte. *Mémoires V. 3.*
Franceschi..........	18 *décembre* 1896.	Couleur du disque solaire à l'horizon sur le désert et sur la mer. M. Dr Abbate Pacha.
Gaillardot Bey (Doct.)	9 *avril* 1869.....	Au sujet de la découverte de la cochenille par M. Samaritani. *Manuscrit.*
id.	10 *novembre* 1871.	Fragment d'un mémoire devant servir d'introduction à une histoire géologique de la Syrie.
		Le Jedjah, district du Hauran.
id.	13 *décembre* 1872.	Observations géologiques faites à El-Ouedj.
		Non impossibilité de trouver de la houille en Egypte.
		La forêt pétrifiée près du Caire.
id.	28 *février* 1873...	Service rendu à la connaissance de la géologie de l'Egypte par la carte de Figari Bey.
id.	3 *octobre* 1873....	Découverte d'une forêt pétrifiée à l'ouest du Caire.
id.	20 *févirer* 1874...	Observations sur la communication de M. Schweinfurth relative à la flore Egyptienne, du 10 décembre 1874.

GAILLARDOT BEY (Doct.)	22 *juin* 1874.....	Note, en forme d'une lettre à M. Zittel, au sujet de la forêt pétrifiée du Caire. MM. MARIETTE BEY. PEREYRA. Général STONE. Dr BIMSENSTEIN.
id.	6 *novembre* 1874..	Note rectifiant l'analyse par M. Schwob du mémoire de M. Unger sur la forêt pétrifiée du Caire. MM. Marquis de CAZAUX. Dr COLUCCI PACHA. MAGDALY EFF. MUSTAPHA.
id.	11 *juin* 1875.....	Présente une série de roches extraites du puits de Redesieh (Haute-Egypte), d'où on a extrait un combustible minéral.
id	19 *novembre* 1875.	Au sujet des bois silicifiés, qui ne sont nullement un phénomène particulier à l'Egypte.
id.	13 *janvier* 1877...	Au sujet de fragments de pierres, envoyés du Soudan par le général Gordon pacha, avec cette annotation : pierres tombées du ciel.
id.	—	Rapport sur les ouvrages de botanique, présentés à l'Institut par M. Caruel. *Manuscrit.*
GASTINEL (Professeur).	1er *juillet* 1859...	Mémoire sur les eaux sulfureuses alcalines de Hélouan, près du Caire. *Mémoires V. 1.*
id.	21 *octobre* 1859...	Est chargé d'analyser le limon et l'eau du Nil.
id.	3 *février* 1860....	Avantages offerts par l'Egypte, pour la culture de l'Opium. Ancienne réputation des Opiums de la Thébaïde. Variété pourpre de M. Aubergier, professeur à Clermont-Ferrand.
id.	6 *avril* 1860.....	Analyse des glutens retirés des farines Egyptiennes. *Mémoires V. 1.*

GASTINEL (Professeur).	20 *avril* 1860	Note additionnelle au mémoire sur les eaux salino-sulfureuses thermales de Hélouan ; débit de la source.
id.	4 *mai* 1860.......	Rapport sur la création d'un jardin d'acclimatation au Caire et à Alexandrie. MM. Dr SCHNEPP. AUBERT-ROCHE.
id.	16 *novembre* 1860.	Mémoire sur deux nouvelles préparations arsenicales ; arséniate de caféine, acide tanno-arsénieux. *Mémoires V.* 1.
id.	12 *avril* 1861.....	Mémoire sur les eaux salines froides d'Aïn-Syra, près le Caire. MM. Dr ABBATE. Dr COLUCCI BEY. FIGARI BEY. Dr SCHNEPP. *Mémoires V.* 1.
id.	26 *juillet* 1861...	Etude d'une pierre prétendue élastique. M. MAGDALY MUSTAPHA a vu des grès roses flexibles provenant de l'Amérique.
id.	4 *avril* 1862......	Analyse qualitative d'une écorce, envoyée du fleuve blanc par le Dr Peney et employée par les indigènes comme matière tannante et agent fébrifuge. MM. Dr ABBATE. Dr SCHNEPP. Note sur les pucerons qui, dans le mois de février 1862, ont envahi diverses cultures des provinces d'Esneh et de Keneh.
id.	17 *septembre* 1869.	Sur les Nitres d'Egypte. MM. Dr COLUCCI BEY. MAGDALY EFFENDI.
id.	1er *novembre* 1872.	Monographie du café. MM. Dr COLUCCI BEY. DE REGNY BEY.

GASTINEL BEY (Profess.)	21 *mars* 1873....	Note sur les engrais Egyptiens et leur richesse relative.
id.	13 *janvier* 1877..	Mémoire sur l'emploi des tourteaux de graines de coton.
		Alimentation des troupeaux et engrais.
		Examen des divers engrais.
id.	30 *avril* 1880	Nouveau procédé de dosage du sucre de diabète.
id.	24 *décembre* 1880.	Rapport sur la kelline.
id.	27 *mai* 1881......	Etude topographique, chimique, médicale sur les eaux minérales de Hélouan-les-Bains.
id.	3 *juin* 1887	Moyens d'utiliser les matières des monticules.
		Influence du sel marin sur le rendement de la betterave.
GASTINEL PACHA (Prof.)	15 *juin* 1888.....	Mémoire sur la loi de restitution appliquée aux cultures cotonnières.
GASTINEL (Professeur).	—	Au sujet du mémoire de M. Ventre Bey, intitulé : Analyse du sol Egyptien par la betterave. *Manuscrit.*
GASTINEL BEY (Profess.)	—	Monographie des Opiums de la Haute Egypte. *Manuscrit.*
GATTESCHI	2 *février* 1866....	Annonce la découverte près du Mex, à l'endroit appelé les bains de Cléopâtre, de diverses sources d'eau douce et même d'une source thermale. MM. Dr COLUCCI BEY. MAGDALY EFF.
GAUTIER (H.)..	6 *mars* 1896......	Analyse des produits extraits des momies des prêtres d'Ammon, de la XXIe dynastie.
GAY-LUSSAC....... ..	4 *juin* 1885.....	Du sol égyptien.

GAY-LUSSAC..........	3 *juin* 1887......	L'emploi des engrais en Egypte, valeur des engrais dits des monticules.
id.	3 *février* 1899....	Note rétrospective sur l'agriculture et l'industrie en Egypte au XIXe siècle.
GEOFFROY-ST-HILAIRE.	27 *juillet* 1860...	Lettre sur un projet de fondation d'un jardin botanique et zoologique d'acclimatation en Egypte.
GRAVIER............	9 *mars* 1890.....	Moyens de provoquer artificiellement la pluie. *Manuscrit.*
GRÉBAUT............	1er *mai* 1885.....	La métrique chez les anciens Egyptiens. *Non publié.*
GRÉGOIRE...........	4 *novembre* 1859.	La culture du ver à soie en Egypte. M. le Colonel d'ARNAUD BEY. *Mémoires V. 1.*
id.	27 *juillet* 1860...	Le blé retrait, influence du Khamsin. MM. Dr COLUCCI BEY, nature électrique du Khamsin. Dr SCHNEPP.
id.	19 *octobre* 1880..	Du Khamsin et de son effet sur le blé. MM. Dr COLUCCI BEY. DE CHAMBURE, sa haute température provient du sable qu'il entraîne Dr SCHNEPP. PROVIN.
id.	—	Rapport sur le mémoire de M. Eckhold, sur le boisement de l'Egypte. *Manuscrit.*
GROFF (William).....	3 *novembre* 1893.	La plus ancienne observation d'un phénomène naturel ou astronomique. MM. Dr ABBATE PACHA. DE MORGAN. SICKENBERGER. VENTRE BEY.
id	1er *mars* 1895....	Source d'Aïn-Syra. — Bois pétrifiés.
id.	3 *mai et* 8 *novembre* 1895.......	Notes sur les couleurs verte et bleue du soleil à l'horizon à son lever et à son coucher.

GROFF (William)......	18 *décembre* 1896.	Lois régissant l'emploi des couleurs chez les anciens Egyptiens. MM. SCHWEINFURTH. VENTRE PACHA. HERZ BEY. ARTIN PACHA.
id.	4 *février* 1898....	L'éclipse de soleil et la lumière zodiacale.
id.	4 *mars* 1898	La lumière de Ramadan. M. Dr ABBATE PACHA.
GUIGON BEY..........	27 *mai* 1881	Utilisation de la chaleur solaire.
id.	17 *février* 1882...	Balance dynamométrique ou frein équilibré Raffard.
id.	2 *mars* 1888	Note sur les dynamomètres de transmission et en particulier sur celui de M. Raffard. M. VENTRE BEY.
HARRIS..............	18 *novembre* 1859.	Envoi de graines de ***ricinus communis*** trouvées dans une tombe déjà ouverte près Louqsor et renfermant un cadavre de l'époque grecque. MM. Dr ABBATE. THURBURN, fabrication du blé des momies.
HASSAN EFF. SAÏD.....	10 *janvier* 1896..	*L'Éragrostis abyssinica* comme plante fourragère en Egypte. MM. PIOT BEY. SCHWEINFURTH.
IBRAHIM EFF. MUSTAPHA	12 *mars* 1880....	Substance nouvelle retirée d'une plante appelée en arabe *Khel.*
id. ...	5 *décembre* 1884.	Avertisseurs d'incendies.
id. ...	30 *décembre* 1887.	La valeur des intervalles dans la musique arabe.
INNES BEY (Dr Walter).	—	Discours sur les travaux concernant la zoologie. *Centenaire.*
JEAN................	5 *août* 1895.....	Lettre sur les bois silicatés que l'on rencontre en Egypte.
JORDAN..............	18 *avril* 1874.....	Mission Rohlfs. — Observations astronomiques et géodésiques.

JOUSSEAUME........	3 *mars* 1893.....	Avantages que présenterait en Egypte une station scientifique.
KAUFMAN (Docteur)....	7 *décembre* 1894.	Stérilisation de l'eau au moyen de l'hypochlorite de sodium. M. ARTIN PACHA.
KŒNIG BEY........	—	Liste des graines demandées au Dr Ori. — Quinquinas du Fazoglu. *Manuscrit.*
LANOUE (de).........	27 *avril* 1872....	Compte-rendu de son voyage au point de vue géologique.
LATIF-MANOUG.......	14 *janvier* 1887..	Théorie sur la pente superficielle des cours d'eau entre deux points donnés et son application à la partie du Nil comprise entre le nilomètre de Rodah et le Barrage. *Non publié.*
LATTIS............	27 *février* 1863...	Note sur un arbrisseau très commun au Maroc : l'*Elaodendron argan*. MM. Dr ABBATE. GRÉGOIRE. SCHWOB.
id.............	1er *mai* 1863.....	Del Tipo arabo cavallino in Egitto.
id.............	5 *juin* 1863......	La Pisciculture en Égypte. *Non publié.*
MACKENSIE..........	2 *fév.* et 13 *av.* 1894	Analyse du *Tafla*.
MAHMOUD BEY........	21 *décembre* 1860.	Mémoire sur l'éclipse totale de soleil observée à Dongolah le 18 juillet 1860. *Mémoires V. 1.*
id.	31 *mai* 1862.....	L'Age et le but des pyramides lus dans Sirius. MM. DE CHAMBURE. Dr ABBATE.
id.	7 *juin* 1872......	Système actuel des poids et mesures en Égypte.
id.	13 *juin* 1877.....	Notice sur la Coudée du nilomètre de Rodah.

MARIETTE BEY........	30 *mars* 1861....	Propose des expériences sur une grande quantité de graines diverses, dont il peut garantir l'authenticité. Elles étaient dans une tombe intacte à Saqqarah. M. GRÉGOIRE.
id.	5 *décembre* 1873..	Importance de la formation d'observatoires et de stations pour les études astronomiques. MM. Dr COLUCCI BEY. ISMAÏL BEY. DE REGNY BEY.
id.	10 *décembre* 1875.	Animaux connus par les anciens Égyptiens et à toutes les époques.
MATHEY.............	3 *décembre* 1886..	Note sur une momie anonyme de Deir el Bahari.
id.	15 *juin* 1888.....	Moyen de détruire le ver du coton. MM. SICKENBERGER. GASTINEL PACHA.
id.	—	Description des parasites du coton. *Manuscrit.*
MAUNIER............	—	Courbe de la période ascendante du Nil pour l'an 1861. *Manuscrit.*
MAYER-EYMAR........	1er *avril* 1892....	L'Oasis de Moeleh et la rive ouest du lac El Keroun. M. COPE WHITEHOUSE.
id.	3 *novembre* 1893.	Le Ligurien et le Tongrien en Égyte.
id.	13 *avril* 1894....	Nouvelles recherches relatives au Ligurien et au Tongrien en Égypte.
id.	5 *avril* 1895.....	Compte rendu de ses recherches géologiques dans le Fayoum.
id.	6 *novembre* 1896.	Extension du Ligurien et du Tongrien en Égypte.
MUSTAPHA EFFENDI MAGDALY..........	27 *août* 1849 *et* 17 *juillet* 1850.....	Analyses quantitatives de l'eau du Nil pendant dix mois de l'année. *Manuscrit.*
id.........	21 *décembre* 1860.	Analyses quantitatives de l'eau du Nil du 27 août 1849 au 17 juillet 1850. *Mémoires V. 1.*

NEROUTSOS BEY (Doct.).	22 *octobre* 1875...	C'est le Dr Gueber qui, le premier, a observé la *Bilharzia hematobia.*
HUSSEIN OFF (Doct.)...	5 *juin* 1892......	La Masrite et le Masrium.
OLLIVIER............	24 *janvier* 1862..	Note sur la destruction des charançons, MM. DE CHAMBURE. Dr COLUCCI BEY. Dr SCHNEPP.
ORI (Docteur)........	21 *octobre* 1859...	Comparaison des farines égyptiennes et étrangères sous le rapport du gluten.
OSMAN BEY GHALEB (Dr)	6 *février* 1885....	*L'Oxyurus uromasticola.* *Mémoires V. 2.*
id.	6 *avril* 1888.....	Le *Xystrocera globosa,* insecte ravageur de l'Albizzia Lebbek.
id.	—	Note sur l'organisation et le développement d'une nouvelle espèce d'entozoaire. *Mémoires V. 2.*
id.	2 *décembre* 1898..	Discours retraçant les travaux botaniques de l'Institut d'Egypte et ceux de l'Institut Egyptien. *Centenaire.*
PANCERI.............	18 *avril* 1874	Influence des venins des serpents sur les autres animaux et sur eux-mêmes.
PARODI..............	5 *mai* 1899......	Le gaz aérogène et ses applications.
PELLET (H.).........	2 *avril* 1897.....	Nature du sucre réducteur contenu dans les jus de cannes et dans les melasses ainsi que dans les produits dérivés du Sorgho.
PIOT................	3 *février* 1888....	Le ver de Médine et les animaux en Egypte.
id..............	7 *novembre* 1890.	Le *Tabanus albifacies,* insecte cause de la maladie dite de la mouche.
PRIEM.........	7 *mai* 1897.......	Note sur les poissons fossiles de l'Eocène de Mokattam.
id	5 *mai* 1899	Sur des poissons fossiles de l'Eocène d'Egypte. M. FOURTAU.

Provin............	7 *décembre* 1860..	Echantillons de cochenille nopal, de la variété jaspée ou nacrée, trouvés sur des cactus des environs d'Alexandrie.
		Sur l'albumine des œufs de poule en Egypte. MM. Dr Colucci Bey. Dr Schnepp. Sidney Smith Saunders.
id	—	Note sur les œufs des poules égyptiennes. *Manuscrit.*
Regny Bey (de)......	28 *décembre* 1872.	Observations météorologiques faites en Egypte depuis cinq ans. MM. Dr Gaillardot. Dr Colucci Bey. Pereyra.
id.	15 *mars* 1875....	Au sujet des traces de pattes d'oiseaux trouvées dans une couche de calcaire à Ramleh.
id.	19 *novembre* 1875.	Rend compte de la préparation d'un squelette d'*Hyperodon rostratum* échoué entre Alexandrie et Ramleh.
Saber Bey Sabry.....	2 *mai* 6 *juin* 1890.	L'arpentage en Egypte. — Défauts de la Kassaba et moyen d'y remédier. MM. Artin Pacha. Gavillot. Ventre Bey.
Samaritani (Comte)...	9 *avril* 1869.....	Come fu scoperta la cocciniglia d'Egitto.
id. ...	—	Note sur la découverte de la cochenille. *Manuscrit.*
Schlœsing...........	7 *mars* 1890......	Analyse d'un échantillon du limon du Nil.
Schnepp (Docteur)....	15 *juillet* 1859....	Essai sur la graine trouvée dans l'oreille de la prophétesse Ta-Shap-en-Kouz.

SCHNEPP (Docteur)....	19 *août* 1859.....	Mauvaise qualité du pain en Egypte. — Proposition de nomination d'une commission chargée d'étudier tout ce qui a rapport à cette question et d'abord le blé égyptien.
id. ...	16 *septembre* 1859.	Tableau hebdomadaire de la crue du Nil du 7 au 12 septembre 1859.
id.	7 *octobre* 1859....	Importance de l'étude de la conservation du blé.
		Le tue-teignes et le sulfure de carbone.
id.	18 *novembre* 1859.	La fécondité des espèces est en raison inverse de leur élévation dans l'échelle des êtres.
id.	2 *décembre* 1859..	Tableau résumant les observations météorologiques qu'il a faites à Alexandrie d'octobre 1858 à fin septembre 1859. M. Dr COLUCCI BEY. — Regrette l'absence d'observations sur l'électricité.
		Rapport au nom de la commission chargée d'examiner le mémoire de M. Eckhold, sur le boisement de l'Egypte.
id. ...	2 *mars* 1860......	Présente et offre une collection d'échantillons de roches appartenant aux principales couches géologiques, qui composent le bassin du Nil.
id.	16 *mars* 1860	Annonce pour le 20 mars, la plus haute marée du siècle.
id. ...	8 *février* 1861....	Tableau résumant ses observations météorologiques faites à Alexandrie en 1859 et 1860. M. DE CHAMBURE.
id.	26 *juillet* 1861 ...	A vu une pierre qui passe pour être élastique. Il l'a soumise à M. le Pr Gastinel.

SCHNEPP (Docteur)....	9 *août* 1861......	Mémoire sur la coloration verte des eaux du Nil.
id.	2e *semestre* 1861..	Inondation de 1861.
id.	—	Etudes sur le climat de l'Egypte. *Mémoires V. 1.*
SCHWEINFURTH (Pr)....	19 *décembre* 1873.	Plantes spontanées dans la région du Haut-Nil et ne se rencontrant plus que cultivées en Egypte. Variation du climat. M. Dr GAILLARDOT BEY.
id. ...	13 *janvier* 1877...	Note sur l'origine du pétrole de la mer Rouge. M. le général STONE.
id. ...	3 *mars* 1882.....	Flore pharaonique.
id. ...	16 *novembre* 1883.	Note sur des objets en minerai de fer provenant du pays des Monbouttous.
id. ...	10 *janvier* 1881..	Végétaux de l'ancienne Egypte, dont les restes se trouvent au musée de Boulac. Le blé des momies. MM. MASPERO. GASTINEL BEY. Dr ABBATE PACHA
id. ...	6 *mars* 1885.....	La vraie rose de Jéricho.
id. ...	4 *juin* 1885 *et* 31 *décembre* 1886..	Dernières découvertes botaniques dans les anciens tombeaux de l'Egypte.
id. ...	6 *novembre* 1885..	Découverte d'une faune paléozoïque dans le grès d'Egypte. MM. VIDAL BEY. GUIGON BEY. GASTINEL BEY. MASPERO.
id. ...	4 *février* 1887....	Flore des anciens jardins arabes de l'Egypte.
id. ...	3 *juin* 1887......	Exploration géologique de l'Ouady Arabah.
id. ...	2 *décembre* 1887..	Les Sycomores d'Egypte.

SCHWEINFURTH	—	Illustration de la flore d'Egypte. *Mémoires V. 2.*
id. ...	—	Note géologique sur la côte de Marmarica, le port de Tobrouk, etc. *Manuscrit.*
SCHWOB.	6 *février* 1863..	Analyse du mémoire de M. Unger sur la forêt pétrifiée du Caire.
SICKENBERGER........	4 *décembre* 1891..	Le Sissou de l'Inde.
id.	6 *janvier* 1893....	Les salines de la Basse Egypte.
id.	5 *janvier* 1894....	Couches géologiques où se trouve le *Tafla.*
id.	7 *décembre* 1894..	Stérilisation de l'eau au moyen de l'hypochlorite de sodium. M. Dr ABBATE PACHA.
id.	—	Contributions à la Flore d'Egypte. *Mémoires V, 4.*
SONSINO (Docteur)....	31 *décembre* 1897.	Les larves des muscides parasites de l'homme en Egypte.
RAFAELO (Trevisan)...	27 *juin* 1867.....	Theorème de géométrie. Le cercle est égal à 3 fois le carré du rayon, plus le carré de la différence entre le côté et la diagonale de ce même carré de rayon. *Manuscrit.*
UNGER	—	La forêt pétrifiée près du Caire. *Manuscrit.*
VAKA..........	27 *juin* 1870.....	Plante ayant la forme d'une carène de navire.
id.	—	Lettre à M. Gastinel, sur la forêt pétrifiée et sur une plante ambulante. *Manuscrit.*
VECCHI (De).....	25 *mai* 1883......	La *Hadena gossypivora*, insecte ravageur du cotonnier. M. SCHWEINFURTH.
VENTRE BEY	8 *janvier* 1886...	Application de la balance Raffard à l'étude et à la mesure du frottement.

Ventre Bey..........	6 *mars* 1887.....	De la densité du sucre.
id.	4 *novembre* 1887 .	Recherches sur l'arc voltaïque et l'élévation de la puissance lumineuse des foyers électriques à arcs.
id.	2 *décembre* 1887..	Le fonctionnement de la machine dynamo-électrique Brusch. *Manuscrit.*
id.	6 *avril* 1888.....	Formule à deux termes servant à contrôler la consommation du combustible dans les machines élévatoires d'irrigation à hauteur variable. *Manuscrit.*
		Moyen d'employer le galvanomètre comme indicateur dynamométrique pour les machines électriques. *Manuscrit.*
id.	8 *juin* 1888......	Procédé areo-polarimétrique pour le contrôle de la fabrication du sucre. M. Gastinel Bey.
id.	28 *décembre* 1888.	Note sur la cristallisation des masses sucrées industrielles. M. Mathey.
id.	5 *avril et* 7 *juin* 1889..........	Le sol égyptien et les engrais. MM. Barois. Mathey. Piot.
id.	4 *avril* 1890.....	Au sujet d'une brochure de M. Dehérain sur l'épuisement des terres arables par la culture sans engrais.
id.	2 *mai* 1890......	La nitrification des Koms.
id.	6 *mai* 1892......	Essai sur les calendriers Egyptiens.
id.	3 *juin* 1892......	De l'année vague et de quelques nombres mystérieux des anciens Egyptiens.
id.	29 *décembre* 1893.	Formule pour convertir une date chrétienne en date musulmane et réciproquement.
id.	2 *février* 1894....	Valeur du *Tafla*.

VENTRE PACHA	8 *novembre* 1895..	Mémoire sur un héméraloge simplifié avec application à la chronologie. M. Dr ABBATE PACHA.
id.	10 *janvier* 1896..	Au sujet de l'interprétation d'une inscription hiératique découverte à Luxor par M. Daressy et relative à une crue extraordinaire du Nil.
id.	17 *avril* 1896	Crue du Nil à Luxor (suite à 10 janvier 1896).
id.	—	Sur trois tables horaires Coptes. *Mémoires V.* 3.
id.	—	Discours sur les travaux concernant les mathématiques et l'astronomie. *Centenaire.*
VIDAL..............	30 *décembre* 1870.	Sur une erreur commise par Dufrenoy dans son traité de minéralogie et relative à Haüy. — Mémoire sur les foyers dans les sections coniques.
VIDAL BEY.........	13 *février* 1880...	Méthode simple pour déterminer directement les maxima et les minima d'une fonction quelconque. *Non publié.*
		Note sur la résolution des équations numériques.
id.	11 *février* 1881...	Sur les courbes du 4e degré qui ont un point triple.
id.	4 *mars* 1881	Sur les courbes du 4e degré qui ont un centre en un point double.
id.	18 *novembre* 1881.	Représentation des polygones algébriques par des déterminants. *Non publié.*
id.	10 *novembre* 1882.	Sur la séparation des racines des équations numériques.
		Relation entre le théorème de Sturm et celui de Maleyx.

VIDAL BEY..........	29 *décembre* 1882.	Projet préparé, il y a 17 ans, par l'Observatoire de Paris, pour l'organisation d'observations météorologiques en Egypte.
id.	*4 avril* 1884......	Mémoire sur le réseau pentagonal d'Elie de Beaumont. *Mémoires V. 2.*
id.	7 *novembre* 1884.	Sur les courbes du 4e degré qui ont un point triple.
id.	6 *février* 1885....	Sur les courbes du 4e degré à trois points doubles.
id.	*4 juin* 1886......	Sur les quantités dites négatives et imaginaires et les quaternions. *Publié année 1887 page 51.*
		Sur la meilleure marche à suivre dans un enseignement rationnel de l'arithmétique et de l'algèbre.
id.	31 *décembre* 1886.	Sur les fonctions de Sturm.
id.	4 *mars* 1887......	Intérêt d'une étude géologique faite suivant les directions du grand cercle, appelé par Elie de Beaumont, l'octaédrique du Sinaï.
VIDAL PACHA.........	6 *avril* 1888.....	Note sur les accélérations.
id.	9 *novembre* 1888..	Une expression nouvelle du rapport de la circonférence au diamètre.
VITO (Eugenio).......	3 *octobre* 1873...	Etude sur les étoiles filantes. MM. Dr COLUCCI BEY. Dr GAILLARDOT. DE REGNY BEY.
id.	—	Projet d'observatoire météorologique à Alexandrie. — Pluie de météores de novembre 1873.
		Nature et origine des météores cosmiques. *Manuscrit.*
WALTHER...........	4 *mars* 1887.....	L'apparition de la craie aux environs des pyramides.

ZARB..............	16 *décembre* 1859.	Résumé des observations météorologiques faites à Port-Saïd du premier juin au 31 octobre 1859. M. Dr SCHNEPP. — Un moyen de mesurer la rosée.
ZITTEL..............	5 *décembre* 1873..	La géologie de l'Egypte.
id.	18 *avril* 1874.....	La géologie et la mission Rohlfs. MM. GAILLARDOT Bey. — Origine des dunes. — Sources thermales. — Grès de Nubie. — Bois pétrifiés. MARIETTE Bey. — Silex. — Bois pétrifiés. Marquis de CAZAUX. — Bois pétrifiés.
id.	6 *novembre* 1874.	Lettre sur les collections de Figari Bey à Florence. Forêt pétrifiée et silex.
id.	—	Lettre à M. Gaillardot sur les arbres fossiles des environs du Caire. *Manuscrit.*
ZULFICAR PACHA......	4 *novembre* 1859.	Envoi de 24 échantillons de blé, provenant des différentes provinces de l'Egypte et destinés à la commission du pain.
Anonyme..........	—	Analyse d'un échantillon de soufre envoyé de Kosseir. *Manuscrit.*

V

BEAUX-ARTS — BELLES LETTRES — BIBLIOGRAPHIE LINGUISTIQUE

ABBATE (W.).	6 *juin* 1890......	Note sur la reproduction des chefs-d'œuvre de l'art égyptien et arabe d'après un projet de M. Luigi Bey.
ARTIN PACHA.........	8 *novembre* 1895..	Le Nil Bleu, son nom originaire et véritable.

Artin Pacha	3 *décembre* 1897.	Présente et analyse le premier fascicule d'un ouvrage du docteur Apostolides intitulé : *Essai sur l'hellénisme Egyptien.*
id.	—	Discours d'ouverture. *Centenaire.*
Bay (Docteur)	5 *février* 1897. . . .	La science dans l'art chez les Arabes.
id.	7 *mai* 1897.	Valeur comparative des sons et des couleurs.
Bernard (H.)	7 *avril* 1874.	Fragment d'un ouvrage de MM. Vingtrinier et baron de Revenat au sujet de la tradition relative à la destruction de la bibliothèque d'Alexandrie par Amrou.
Bouriant	—	Fragments bachmouriques. *Mémoires V. 2.*
Colucci Bey (Docteur).	3 *juillet* 1868. . . .	Au sujet de l'érection de la statue équestre de Mohammed Ali et de l'ancien usage de placer, à côté de la statue des grands hommes, des obélisques. Obélisques dites aiguilles de Cléopâtre. MM. Dr Paolo Colucci. Dr Abbate. Dr Gaillardot.
id.	4 *février* 1870. . . .	Présentation d'un exemplaire des prolégomènes d'Ibn-Khaldoun, offert par l'Académie des inscriptions et belles-lettres de Paris. Renseignements sur cet ouvrage et ses divers traducteurs, notamment Noureddin Pacha sur l'ordre de Mehemet Ali.
id.	20 *décembre* 1872.	Richesses ignorées des bibliothèques Egyptiennes surtout celle de Osman Pacha Noureddin.
id.	19 *novembre* 1875.	S.A. le Khedive a l'intention de faire imprimer à Boulac les principaux ouvrages arabes inédits et disséminés dans les grandes bibliothèques d'Europe.

Dufeu....	23 *mars* 1866....	La Chevalerie.
		M. Lepsius.
id.	—	Travail poétique sur les pyramides.
Figari Bey..........	12 *avril* 1861	Sens de l'expression arabe *Kohle*.
		MM. Gastinel. Kabis.
Franz Pacha.........	5 *décembre* 1890..	L'Andalousie et les monuments arabes.
Gaillardot Bey (Doct.)	22 *octobre* 1875..	Compte rendu du Congrès de l'Association Française pour l'avancement des sciences à Nantes.
Glavany (De)...	6 *novembre* 1874..	Projet de monument et d'inscription commémoratifs du percement de l'isthme de Suez.
		M. le commandant de Monlouis.
Grébaut	7 *février* 1890....	Note sur le transfert du musée de Boulac à Ghizeh.
Groff (William).. ...	5 *février* 1892 ...	Etude sur l'expression *Mot-Tamout*.
id.	3 *novembre* 1893..	Note sur le mot Nil.
id.	29 *décembre* 1893.	Sur le nom du fleuve d'Egypte.
id.	2 *mars* 1894	Etymologie du mot Thèbes.
id.	5 *novembre* 1897.	Lois régissant l'emploi des couleurs chez les anciens Egyptiens au point de vue décoratif.
id.	6 *mai* 1898.......	Deux textes historiques nouveaux. La stèle de Merenptah. — Le premier Evangéliste en Egypte.
		M. Daressy.
Hazzan	29 *juin* 1860.....	Ode en langue hébraïque à l'occasion de la fondation de l'Institut Egyptien.
Herz (Max). :.......	6 *janvier* 1893....	La Polychromie dans la peinture et l'architecture arabes en Egypte.
Herz Bey (Max)......	1er *avril* 1898....	La protection de l'art Arabe.

Ibrahim Eff. Mustapha	30 *décembre* 1887.	La valeur des intervalles dans la musique Arabe.
Kabis	2 *novembre* 1860.	Introduction à l'étude de la langue Copte. M. Dr Colucci Bey. *Mémoires V. 1.*
id.	11 *janvier* 1861..	Observations au sujet d'assertions qui lui sont attribuées par M. Tischendorff.
id.	8 *mai* 1861	Introduction des lettres grecques dans l'écriture Egyptienne.
id.	—	Rapport sur une poésie en langue Arabe, de M. Rifaha Bey. *Mémoires V. 1.*
id.	21 *mai* 1880.......	Communication sur quelques papyru coptes du musée de Boulac.
Khalil el Khouri	19 *octobre* 1866...	Poésie Arabe intitulée : « Alexandrie » en reconnaissance de l'hospitalité accordée par le Vice-Roi aux chrétiens de Syrie. M. Kabis, traducteur.
Lefebure	12 *mai* 1883.. ...	L'Art Egyptien.
Lighonnes (Léonard)..	15 *juin* 1860.....	Rapport de la commission du prix de S. A. le Vice-Roi.
Luigi	—	Della Fondazione di una scuola di scultura archeologica Egizia in Cairo. *Manuscrit.*
Mariette Bey........	29 *juin* 1860.....	Rapport de la commission du prix de Luynes.
Mariette Pacha......	20 *février* 1880..	Emaux et verres coloriés fabriqués par les anciens Egyptiens.
		Attire l'attention de l'Institut sur trois papyrus du musée de Boulac. Texte Arabe et texte Copte.
Merx (Prof.).......	9 *janvier* 1891....	Origine de la grammaire Arabe.

MICHEL (Père)........	5 *et* 17 *juin* 1859..	Poésie Arabe à l'occasion de la fondation de l'Institut Egyptien. *Mémoires V. 1.*
MONTAUT (H. de)....	20 *avril* 1860....	Présente une série de dessins à l'aquarelle relatifs à un projet d'organisation d'un régiment de dromadaires réguliers.
id.	7 *septembre* 1860.	Note sur la représentation des figures animées chez les musulmans. *Mémoires V. 1.*
id.	21 *février* 1862...	Proposition pour la restauration du monument dit : Colonne de Pompée. MM. PEREYRA. DE CHAMBURE. Dr SCHNEPP.
id.	7 *mars* 1862	Traduction d'une poésie Arabe, composée par M. Rifaha Bey, au sujet du canal de Suez.
PANCIERA............	11 *août* 1868......	L'architecture en Egypte. *Manuscrit.*
id.	1er *décembre* 1871.	Projet de construction d'un Musée égyptien.
PEDRO (S.M. DON).....	13 *janvier* 1877...	Le vandalisme des voyageurs.
PEREYRA...........	16 *mars* 1861 ...	Introduction des lettres grecques dans l'alphabet Copte. MM. MARIETTE. Dr ABBATE.
REGNY (de).........	24 *mai* 1867.....	L'ancien Institut d'Égypte, son histoire, son organisation intérieure, ses travaux.
REGNY BEY (de).....	3 *avril* 1874.....	Note sur les principaux titres scientifiques de M. Quetelet.
RÉMÉLÉ.............	18 *avril* 1874....	Ses travaux photographiques à la mission Rohlfs.
ROGERS BEY.........	20 *avril* 1880.....	Note sur les papyrus postérieurs à l'ère chrétienne.

ROGERS BEY........	*24 décembre* 1880.	Le Blason chez les princes musulmans de l'Égypte.
ROOSMALEN (de)......	—	Rapport sur le livre de M. Collas, intitulé : La Turquie en 1864.
		Mahomet et le Coran. *Manuscrit.*
SAMARITANI (Comte)...	*7 août* 1874......	Racines communes aux langues sémitiques et aryennes. *Non publié.*
id. ...	*17 avril* 1883....	Note sur l'idiome des Barbarins. *Non publié.*
id. ...	*4 juin* 1885......	A propos d'un substratum chinois dans les langues et les anciens cultes de l'Europe. *Non publié.*
id. ...	—	Origine du mot maïs. — Sur l'enseignement. *Manuscrit. Non publié.*
SAUVAIRE...........	*30 avril* 1874....	Note sur le catalogue de la bibliothèque de Darb el Gamamis.
SICKENBERGER (Prof.)..	*3 novembre* 1893.	Origine du mot Nil. M. VENTRE BEY.
THURBURN (H.).......	*2 mars* 1860.....	Au sujet de la restauration de la colonne de Pompée. M. DE CHAMBURE.
VENTRE BEY..........	*30 décembre* 1892.	Essai sur les noms du fleuve égyptien et sur l'étymologie du mot Nil. MM. William GROFF. ARTIN PACHA.
id.	*7 avril* 1893.....	Les noms de Memphis et le mot pyramide. MM. Dr ABBATE. William GROFF.
id.	*5 mai* 1893......	Note pour servir de complément à sa communication précédente sur les noms du Nil.

VENTRE BEY	3 *novembre* 1893.	De l'origine des noms : Copte — Égypte — Papyrus. MM. BRUGSCH BEY. Dr ABBATE PACHA.
VENTRE PACHA........	2 *décembre* 1898..	Discours sur les travaux concernant les mathématiques et l'astronomie. *Centenaire.*
VIDAL BEY...........	—	Notice sur les travaux de l'Institut Égyptien depuis sa fondation.
		7e Congrès international des Orientalistes à Vienne.
VINGTRINIER (A.)......	—	Lettre au sujet de la prétendue destruction de la bibliothèque d'Alexandrie par Omar et Amrou. *Manuscrit.*
VOLLERS.............	2 *décembre* 1892.	Le 9e Congrès international des Orientalistes à Londres, en 1892.
WALMASS............	20 *mars* 1861....	Rapport au nom de la Commission chargée d'examiner le travail de M. Kabis sur la langue Copte. MM. MARIETTE. KABIS.
ZALUSKI (Comte)......	30 *décembre* 1890.	La Pasigraphie chez les anciens et les modernes.
ZUNZ...............	21 *octobre* 1875..	Signification du mot KNEM dans l'inscription des sépultures hébraïques.

VI

COMMERCE — INDUSTRIE — TRAVAUX PUBLICS VOIES DE COMMUNICATION

ABBATE (Docteur).....	7 *octobre* 1859...	Inutilité d'études pour la conservation du blé en Égypte. MM. le Colonel D'ARNAUD BEY. Dr COLUCCI BEY. ESPINASSY BEY.

Adrien Bey.	—	Quelques notes sur les quarantaines de la mer Rouge. *Mémoires V. 1.*
Arnaud Bey (Colonel d')	2 *mars* 1860.	Quelques observations sur la pisciculture. MM. Espinassy Bey. Dr Schnepp. Dr Colucci Bey.
Artin Pacha.	2 *mars* 1894.	Au sujet du canal de Suez. — Etudes de MM. Talabot, de la Motte, Prompt.
id.	10 *janvier* 1896. .	Premier puits artésien creusé dans la vallée du Nil. M. Dr Abbate Pacha.
id.	6 *mars* 1896.	Les Sondages en Égypte.
id.	1er *avril* 1898. . . .	Les Réservoirs du Nil. — Disparition du Khalig. MM. Fourtau. Dr Abbate Pacha.
Aubert Roche.	16 *mai* 1860.	La fermentation de la pâte dans la fabrication du pain. MM. de Chambure. Espinassy Bey. Dr Schnepp.
Barois (J.).	2 *décembre* 1898.	A propos des travaux publics. *Centenaire.*
Chambure (de).	16 *octobre* 1859. .	Note sur la conservation du blé.
Colucci Bey (Docteur).	21 *octobre* 1859. . .	Note sur le rouissage du chanvre et du lin.
Cordier.	5 *août* 1859.	Rapport au nom de la Commission chargée d'examiner le Mémoire de M. Eckhold sur l'amélioration de la culture du cotonnier en Égypte.
Fakhry Pacha.	7 *février* 1896. . . .	Coupe géologique des sondages de Tantah exécutés par M. Karl Abel.
Figari Bey (Prof.). . . .	2 *décembre* 1859. .	Note sur le travail de M. Grégoire, traitant de l'éducation des vers à soie.

Figari Bey (Prof.)....	16 *décembre* 1859.	Note sur la question du rouissage.— État de la culture du lin et du chanvre. MM. Dr Colucci Bey. Dr Schnepp.
id	30 *novembre* 1861.	Expériences sur plusieurs échantillons de blé des momies.
Gastinel (Prof.)......	3 *février* 1860....	Avantages offerts par l'Egypte pour la culture de l'opium. Ancienne réputation des opiums de la Thébaïde. Variété pourpre de M. Aubergier, professeur à Clermont-Ferrand.
Gavillot............	5 *avril* 1889	Falsification des denrées alimentaires et principalement du blé en Egypte. M. Ibrahim Bey Mustapha.
Gras	—	Nouveau tissu pour gargousses. *Manuscrit.*
Grégoire............	4 *novembre* 1859 .	Mémoire sur la culture du ver à soie en Egypte. M. le Colonel d'Arnaud Bey. *Mémoires V.* 1.
id.	15 *novembre* 1861.	La culture du coton en Egypte. Historique, état actuel, avenir. MM. Dr Abbate. Dr Schnepp. *Mémoires V.* 1.
Guery..............	9 *septembre* 1859.	Note relative à la conservation du blé en Egypte. MM Chafey Bey. De Chambure. Espinassy Bey. Dr Schnepp. Thurburn.
Lesseps (De)...	7 *juin* 1872......	L'ensablement de Port-Saïd et le dessèchement des lacs amers ne sont pas à craindre.
id.	15 *avril* 1881	L'Isthme de Panama. *Non publié.*
id.	17 *février* 1882...	Marche toujours favorable des travaux de l'Isthme de Panama.

MOUGEL BEY	13 *août* 1869.....	Mémoire sur le meilleur système de chaussées à employer en Egypte. MM. COLUCCI BEY. De REGNY. Dr GAILLARDOT. GILLY.
OHI (Docteur)	21 *octobre* 1859 ..	Comparaison des farines égyptiennes et étrangères sous le rapport du gluten.
PANCIERA............	13 *mai* 1870	Mémoire sur l'établissement d'un chemin de fer supérieur.
PARODI..............	5 *mai* 1899	Le gaz aérogène et ses applications.
PELLET (H)	2 *avril* 1897	Nature du sucre réducteur contenu dans le jus de cannes, dans les mélasses ainsi que, dans les produits dérivés du Sorgho.
PIOT................	6 *mai* 1887	Objections aux idées de M. Cope Whitehouse sur les travaux à faire au Fayoum. M. COPE WHITEHOUSE.
PROMPT	6 *février* 1891....	La vallée du Nil.
id.	26 *décembre* 1891.	Note sur les réservoirs d'eau dans la Haute-Egypte. MM. le Comte ZALUSKI. De MALORTIE.
id.	2 *mars* 1894	Le Caire, port de mer.
id.	28 *décembre* 1894.	Puissance électrique des cataractes. MM. VENTRE BEY. Dr ABBATE PACHA.
id.	7 *mai* 1897	Puissance de réservoirs des cataractes. M. ARTIN PACHA.
id.	21 *janvier* 1898 ..	Le charbon blanc en Egypte. M. Dr ABBATE PACHA.
id.	6 *mai* 1898	Le réservoir des girafes. MM. Dr ABBATE PACHA. PIOT BEY. ARTIN PACHA.

REGNY BEY (De)	19 *mai* 1876.. ...	Introduction de la culture du coton en Egypte. Jumel, son acte de décès.
SCHNEPP (Docteur)....	19 *août* 1859.....	Mauvaise qualité du pain en Egypte; proposition de nomination d'une commission chargée d'étudier tout ce qui a rapport à cette question et d'abord le blé égyptien.
id.	7 *octobre* 1859....	Importance de l'étude de la conservation du blé. Le tue-teignes. Le sulfure de carbone.
id.	4 *novembre* 1859..	Observations au sujet de la question du rouissage.
id.	—	Construction par le directeur du Moulin Français d'un silo de 15000 hectolitres. MM. CHAFEY BEY. Dr COLUCCI BEY.
SOUTER	4 *décembre* 1896.	Installation par l'Administration des domaines du transport électrique de la force, à grandes distances, au profit exclusif de l'agriculture.
VENTRE BEY.........	6 *avril* 1888.....	Formule à 2 termes servant à contrôler la consommation du combustible dans les machines élévatoires d'irrigation à hauteur variable. *Manuscrit.*
id.	4 *mai* 1888... ...	Procédé aéro-polarimétrique pour le contrôle de la fabrication du sucre M. GASTINEL BEY.
id.	8 *juin* 1888......	Quelques mots sur la fabrication du sucre et la culture de la canne en Egypte. MM. GASTINEL BEY. GUIGON BEY.
id.	28 *décembre* 1888.	Note sur la cristallisation des masses sucrées industrielles. M. MATHEY.

VII

DROIT — ÉCONOMIE POLITIQUE — MORALE — RELIGION STATISTIQUE

ABBATE (Docteur).....	27 *février* 1863...	Divers symboles des anciens Egyptiens, en rapport avec quelques-unes de leurs idées philosophiques.
ABBATE PACHA (Doct.)	—	La Mort de Socrate au point de vue médical et philosophique. *Mémoires V.* 3.
ARTIN BEY.........	1er *décembre* 1882	Le droit de propriété territoriale d'après le Cheriah. *Imprimé à part.*
BERNARD (H.).......	7 *et* 14 *juin* 1867.	Mémoire sur le culte de St Jean.
id.	3 *septembre* 1869.	Mémoire sur le prochain Concile. MM. GILLY. Dr GAILLARDOT. *Non publié.*
BOINET BEY........	8 *janvier* 1886..	L'accroissement de la population en Egypte.
BORELLI BEY.........	20 *juin* 1884.....	Transformations successives du régime territorial en Egypte. *Non publié.*
CALABI (Avocat)......	11 *juillet* 1862...	Sulla opportunita di un solo tribunale Europeo per gli affari civili e commerciali in Egitto. MM. DE CHAMBURE. Dr ABBATE. PEREYRA.
CHAMBURE (De)......	12 *septembre* 1862	Biographie de Jésus-Christ. — Relation de son voyage en Palestine.

Colucci Bey (Docteur)	18 *novembre* 1859.	Rapport de la population avec les moyens de subsistance. MM. Cordier. Espinassy Bey. Thurburn. Anecdote sur le recensement en Egypte.
id.	21 *déc.* 1860 *et* 25 *janvier* 1861...	Statistique de la population Egyptienne, pendant les dernières années. MM. Grégoire. Dr Schnepp.
id.	22 *août* 1862.....	Les prisons en Égypte.
id.	26 *septembre* 1862	Moyen d'établir une municipalité à Alexandrie. M. le Consul d'Angleterre fait remarquer la différence entre ce projet et celui de Constantinople.
id.	2 *novembre* 1866.	La propriété foncière en Egypte.
id.	4 *février* 1870....	Il y a quatre ans l'Institut s'est occupé des inconvénients de l'état actuel des juridictions. Il importe de ne pas négliger cette question dont l'initiative a été prise par l'Isntitut. MM. Gilly. Gatteschi.
Colucci Pacha (Doct.)	5 *décembre* 1876..	Le Congrès international de statistique tenu en 1876 à Buda Pesth. MM. Pereyra. Mougel Bey.
Dufeu.......... ...	23 *mars* 1866...,.	La Chevalerie. M. Lepsius.
Gatteschi..........	*séance annnelle* 1862..	La Législation musulmane. *Non publié.*
id.	21 *mars* 1862.....	Le Droit international privé et public en Egypte. M. Dr Abbate.
id.	10 *octobre* 1862...	Idées sur l'organisation de la future municipalité d'Alexandrie. *Non publié.*

GATTESCHI...........	28 *novembre* 1862.	Revista di legislazione. *Non publié.*
id.	*séance annuelle* 1863...........	Recherches sur l'ancienne législation des Egyptiens.
id.	18 *septembre* 1863.	Des institutions ou banques de crédit foncier en Egypte. MM. Dr COLUCCI BEY. —Cadastre à établir. LATTIS.
id.	18 *mars*, 29 *sept*- 1864...........	Mémoire historique sur les Capitulations.
id.	21 *déc*. 1866 *et* 11 *janvier* 1867...	La propriété en Egypte. MM. Dr COLUCCI BEY. PEREYRA.
id.	30 *avril* 1869.....	Les hypothèques suivant le droit musulman. MM. Dr ABBATE. Dr GAILLARDOT. SAUVAIRE. DE REGNY.
id.	29 *décembre* 1871.	Extrait de sa traduction italienne d'un ouvrage de M. Van den Berg, sur le droit musulman et commentaire de cet ouvrage. MM. HÉLOUIS, Dr COLUCCI BEY. Dr GAILLARDOT BEY.
id.	28 *janvier* 1873..	Mémoire sur la Réforme judiciaire en Egypte. MM. Dr COLUCCI BEY. GILLY.
GHALI (Soubhi)......	6 *décembre* 1895..	Aperçu sur le droit du gouvernement égyptien en matière de règlements et arrêtés de police applicables aux étrangers.
GILLY (Av. F.).......	5 *août* 1864......	Mémoire sur la justice mixte en Egypte. MM. GATTESCHI. COLUCCI BEY. GARNIER,

GROFF (William)......	9 *novembre* 1894..	L'écriture sainte et la bible chez les sorciers. MM. Dr ABBATE PACHA. Dr FOUQUET. Dr WALTER INNES. ARTIN PACHA.
id.	2 *avril* 1897.....	Notes supplémentaires sur la sorcellerie et les légendes des pyramides.
id.	5 *novembre* 1897..	Formule pour empêcher un naufrage.
		Les débuts du christianisme en Egypte.
id	4 *février* 1898....	Les origines du christianisme en Egypte et la fondation de l'Église d'Alexandrie.
id.	4 *mars* 1898.....	La lumière de Ramadan. M. Dr ABBATE PACHA.
id.	1er *avril* 1898...	L'Aurore du christianisme en Egypte.
id.	6 *mai* 1898......	Deux textes historiques nouveaux. La stèle de Merenptah. — Le premier Evangéliste en Egypte.
id.	—	Etudes sur la sorcellerie, ou le rôle que la bible a joué chez les sorciers. *Mémoires V.* 3.
HORN..............	12 *mai* 1864.....	Caractère de l'économie politique. Applications qu'elle peut trouver en Egypte.
IBRAHIM BEY MUSTAPHA.	3 *mai* 1889.......	Textes pouvant être invoqués pour la répression des fraudes et falsifications dans le commerce du blé en Egypte. M. GAVILLOT.
LATTIS....	12 *décembre* 1862.	Le Fellah et l'individualisme, au point de vue du progrès agricole en Egypte.
id.	5 *juin* 1863......	Les revenus territoriaux en Egypte. *Non publié.*

LEONCAVALLO.........	27 *juin* 1873.....	La question de la succession au trône en Orient. MM. Dr COLUCCI BEY. MAHMOUD BEY. De REGNY BEY. BIMSENSTEIN. A. GILLY.
LIGHOUNES (Léonidas)..	17 *juin* 1860.....	Rapport de la commission du prix de S. A. le Vice-roi.
MARIETTE BEY........	18 *octobre* 1861...	Conditions économiques du Fellah. Les inondations. MM. le Colonel d'ARNAUD BEY. PEREYRA. GRÉGOIRE. Dr SCHNEPP. Dr DIKEOS. De CHAMBURE.
MARIETTE PACHA......	21 *mai* 1880......	Des vases canopes et des croyances religieuses des anciens Egyptiens.
MASPERO	10 *novembre* 1882.	Etude des textes hiéroglyphiques relatifs à la religion des anciens Egyptiens.
id.	8 *février* 1884....	Idées des anciens Egyptiens sur la destinée de l'homme après la mort.
MONTAUT (De)........	28 *juin* 1861.....	L'Exposition de Londres et la participation de l'Egypte. MM. COLQUHOUN. PEREYRA. De CHAMBURE. RIZO. Dr SCHNEPP. Colonel d'ARNAUD BEY.
OGILVIE (Docteur)....	2 *décembre* 1859..	Présentation et analyse de l'ouvrage de son frère le docteur Georges Ogilvie intitulé : Plan du grand architecte ou principe d'architecture organique.
id.	16 *mai* 1861.....	Présentation et analyse d'un ouvrage de son frère, intitulé : *The genetic cycle in organic nature.*
PEREYRA	15 *mai* 1860.....	Sur le Progrès.

Piot Bey..........	13 *janvier* 1899 ..	La première exposition de bétail en Egypte.
Rabino (J).........	3 *mai* 1889	La progression de la dette Egyptienne. M. Boinet Bey.
		Il y a cinquante ans, compilation du blue book anglais de 1839.
id.	29 *septembre* 1892.	Le Congrès de statistique tenu à St-Pétersbourg au mois d'août 1872.
Regny Bey (De)......	25 *avril* 1873.....	Introduction à la statistique de l'Egypte pour 1873.
		Mouvement de la population. MM. Dr Colucci Bey. Pereyra.
id.	6 *novembre* 1874..	Note sur les statistiques animales de Darwin.
Roosmalen (De).....	—	Rapport sur le livre de M. Collas, intitulé : la Turquie en 1864. — Mahomet et le Coran. *Manuscrit.*
Rossi Bey (Docteur)...	23 *février et* 30 *mars* 1883.....	L'Unité du genre humain prouvée par l'histoire du peuple juif.
Schnepp (Docteur)....	2 *décembre* 1859..	Analyse de l'ouvrage de Pruner Bey : l'Homme dans l'espace et le temps.
id.	17 *février* 1860...	Mouvement de la population en Egypte pendant l'année 1857-1858. MM. Cordier. Colucci Bey.
Schwob (G.).........	17 *avril* 1862. ..	Essai historique sur les Capitulations de la France.
Vidal Bey...........	30 *avril* 1880.....	Droits réels dont les étrangers jouissaient autrefois en Egypte. Utilité du remaniement de l'ordre des articles des codes Egyptiens.

VIDAL BEY...........	3 *décembre* 1880..	Quelques idées sur l'exécution des jugements rendus et des actes authentiques passés en pays étrangers.
id.	4 *mars* 1881......	Le code pénal Suédois.
id.	26 *janvier* 1883..	Boccace et les docks et warrants.
id.	14 *décembre* 1883.	Comparaison des deux codes égyptiens de commerce.
id.	9 *janvier* 1885...	De l'exécution en Egypte des jugements rendus à l'étranger.
id.	6 *novembre* 1885.	De l'hypothèque judiciaire.
id.	8 *janvier* 1886...	Erreurs et lacunes que présente la traduction officielle du statut personnel d'après le rite Hanafite. MM. FAKHRY PACHA. ARTIN PACHA. Dr ABBATE PACHA. *Non publié.*
id.	5 *mars* 1886.....	Garanties à donner à la propriété immobilière.
id.	18 *juin* 1886.....	Simplifications à introduire dans la procédure. M. FIGARI.
id.	4 *février* 1887....	Travaux du Congrès international de droit commercial tenu à Anvers en 1885.
id.	3 *juin* 1887......	Erreur dans le libellé de l'un des considérants d'un arrêt de la Cour d'Alexandrie en date du 11 décembre 1879.
VIDAL PACHA.........	4 *mai* 1888......	Substitution de la liquidation judiciaire au régime déshonorant de la faillite.
ZOGHEB (Alex. MAX de)	5 *janvier* 1894...	L'Église d'Alexandrie.
ZUNZ...............	22 *octobre* 1875...	Signification du mot KNEM dans l'inscription des sépultures hébraïques.

VIII

ENSEIGNEMENT — INSTRUCTION PUBLIQUE

Artin Pacha........	7 *décembre* 1888..	Mémoire sur la statistique de l'Instruction publique en Égypte depuis 1840.
Bonola Bey..........	5 *décembre* 1884..	Notice sur l'Exposition didactique de Turin en 1884.
Dor Bey............	20 *avril* 1875....	L'Instruction publique en Égypte. *Non publié.*
Gaillardot Bey (Doct.).	22 *octobre* 1875..	Compte rendu du Congrès de l'Association Française pour l'avancement des sciences à Nantes.
Kabis.............	4 *juin* 1880.......	Sur l'emploi de l'arabe vulgaire dans l'Enseignement.
Leoncavallo.........	4 *décembre* 1863..	L'Éducation des femmes en Égypte.
Mougel Bey.........	6 *mars* 1885.....	Quelques mots sur l'Éducation et l'Instruction.
Peltier Bey.........	3 *février* 1888....	Questions d'Enseignement au point de vue de la santé des élèves.
Regny Bey (de).......	30 *avril* 1875....	Renseignements statistiques sur l'état actuel des écoles.
Rossi Bey (Docteur)...	29 *juin* 1860.....	Etat actuel de l'Instruction publique. MM. Mariette. Léonidas Lighounes. Dr Colucci Bey. Espinassy Bey. Dr Schnepp.
id. ...	27 *février* 1882...	Mémoire sur l'Instruction publique. en Egypte. *Non publié.*
Samaritani (Comte)...	18 *septembre* 1875.	Note sur l'Enseignement. *Manuscrit. Non publié.*

SCHNEPP (Docteur).....	28 *juin* 1861.....	Fondation d'un cours de langue Copte à l'école Abet.
VIDAL...............	20 *février* 1874...	Lettre à M. de Régny Bey sur l'enseignement du droit en Égypte.
VIDAL BEY..........	21 *mai* 1880.....	Création d'une Ecole de Droit à Alger. — Organisation de l'Ecole de droit du Caire.
id.	3 *décembre* 1880..	Note sur l'enseignement du Droit au Japon. — École de Droit de Pondichéry.
id.	9 *décembre* 1881..	Note sur l'Enseignement supérieur au Japon.
id.	27 *janvier* 1882..	L'Instruction publique en Cochinchine.
id.	23 *février* 1883...	De l'Enseignement des sciences.
id.	28 *décembre* 1883.	L'Instruction publique au Japon.
		L'Instruction publique dans la République Argentine.
id.	1er *mai* 1885.....	Réorganisation de l'enseignement du Droit en Espagne. — Plan d'études suivi actuellement à l'École de Droit du Caire.
id.	20 *octobre* 1885..	L'Enseignement secondaire dans les divers États de l'Allemagne et en France.
id.	4 *juin* 1886......	Sur la meilleure marche à suivre dans un enseignement rationnel de l'Arithmétique et de l'Algèbre.
VIDAL PACHA.........	28 *décembre* 1888.	Tokyo Hoggoko. — Etat actuel de l'enseignement du Droit au Japon.
VOGT (Carl)...... ...	2 *février* 1894....	Lettre développant l'idée de M. Jousseaume au sujet de l'établissement d'une station scientifique en Égypte.
VOLLERS (Docteur)....	2 *décembre* 1892..	Le 9e Congrès international des Orientalistes à Londres en 1892.

IX

HISTOIRE — GÉOGRAPHIE — NOTICES BIOGRAPHIQUES CONTES ET LÉGENDES

ABBADIE (Ant. d').....	—	Envoi d'une carte d'Éthiopie. *Manuscrit.*
ABBATE (Docteur) ...	*séance annuelle* 1866	Eloge du docteur Peney.
id.	2 *novembre* 1866.	Notice sur le docteur Schnepp.
ABBATE BEY (Doct.)...	3 *décembre* 1880..	Notice sur Dor-Bey. *Non publié.*
id. ...	10 *novembre* 1882.	Notice sur Pruner Bey.
id. ...	26 *janvier* 1883..	Le phœnix Egyptien.
ABBATE PACHA (Doct)..	7 *décembre* 1888..	Eloge de Cadri Pacha.
id. ..	14 *février* 1890...	Discours prononcé à l'occasion de la translation du tombeau de Mariette Pacha.
id. ..	26 *décembre* 1891.	S. M. Don Pedro, ex-empereur du Brésil.
id. ..	7 *décembre* 1894..	Eloge funèbre de Henri Brugsch Pacha.
id. ..	18 *décembre* 1896.	Notice nécrologique sur Pirona.
id. ..	5 *novmbre* 1897..	Notice nécrologique sur Tito Figari.
ABBATE (W.)........	8 *mars* 1889.....	Bonaparte et l'Institut d'Egypte.
id.	6 *décembre* 1889..	Les origines du Caire, Babylone et Fostat.

ADRIEN BEY.........	8 *février* 1884....	Les Quarantaines de la Mer Rouge. *Mémoires V. 2.*
AMELINEAU..........	2 *avril* 1886.....	Etude historique sur saint Pachôme. Un évêque de Keft au VIIe siècle. *Mémoires V. 2.*
ANTINORI (Marquis)...	27 *décembre* 1861.	Relation de son voyage sur le fleuve bleu.
ARTIN BEY......... ..	26 *janvier* 1883..	Les trois femmes et le cadi. Conte populaire inédit.
id.	14 *décembre* 1883.	Malice des femmes. Conte populaire inédit.
ARTIN PACHA........	7 *novembre* 1884 *et* 20 *octobre* 1885.	Contes populaires inédits.
id.	18 *juin* 1886.....	Traduction de la notice de Reshad effendi sur la prison de Louis IX à Mansourah. M. Maspero.
id.	3 *décembre* 1891..	Devises qui accompagnent les noms des mois Coptes dans le langage populaire arabe en Egypte.
id.	3 *mars* 1893......	Le général Larmée Pacha.
id.	1er *décembre* 1893.	Eloge de S. E. Aly Pacha Moubarek.
id.	7 *novembre* 1894..	Notice sur Henri Brugsch Pacha. — Annonce la mort du Commandeur Rossi.
id.	7 *décembre* 1894.	Mort de Victor Duruy.
id.	11 *janvier* 1895..	Notice sur le docteur Bimsenstein.
id.	6 *novembre* 1895..	Notice sur Louis Pasteur.
id.	4 *décembre* 1896..	Notice nécrologique sur le baron Ferdinand de Mueller.
id.	3 *février* 1899....	Mort de S. E. Nubar Pacha.

ARTIN PACHA	3 *mars* 1899.....	Mort de M. de Montant.
id.	—	Discours d'ouverture. *Centenaire.*
ASCHERSON...........	3 *juin* 1887......	Le lac Sirbon et le mont Casius.
AUBERT-ROCHE	16 *mars* 1860.....	L'ancienne Héraclée des Coptes.
BAHGAT (Ali eff.)......	6 *mai* 1898.......	Acte de mariage du général Menou et de la dame Zobéïdah. M. ARTIN PACHA
BAROIS.............	1er *mai* 1891.....	Note sur une mission dans le Sahara Algérien. M. BONOLA BEY.
BERNARD (H.)	21 *mars* 1873.....	Notice sur Alexandrie souterraine.
		Exploration de l'Afrique Centrale en partant de Monbaz sur la côte orientale. M. Dr GAILLARDOT. Importance du grand triangle renfermant le Kili-Manjaro et d'autres volcans éteints.
id.	7 *août* 1874......	Fragment d'un ouvrage de MM. Vingtrinier et baron de Revenat, au sujet de la tradition relative à la destruction de la bibliothèque d'Alexandrie par Amrou.
id.	1er *décembre* 1882.	Quelques particularités de l'art culinaire chez les Romains.
id.	14 *janvier* 1884 ..	Note sur la sortie d'Egypte des Hébreux. *Non publié.*
BLANCHE	7 *août* 1874......	Note sur *Kalaat el Hossen*, ancienne forteresse, près de Tripoli.
BONOLA	4 *avril* 1884......	Notice nécrologique sur Quintino Sella. *Non publié.*

Borelli Bey.........	4 *mars* 1887.....	A propos de documents relatifs à l'Expédition Française en Egypte, offerts par lui à l'Institut.
Botti (Docteur).......	3 *décembre* 1897..	Les Préfets d'Egypte.
Brocchi (G.)........	—	Dossier sur...................
Burton (Capitaine)....	9 *mai* 1877.......	Voyage dans la presqu'île de Sinaï, Anciennes mines d'or.
Casanova............	4 *décembre* 1891..	*Karakouch*. Sa légende et son histoire. M. le comte Zaluski.
Ceruti (M.)..........	9 *juillet* 1875.....	Voyage dans l'Inde et l'Extrême-Orient, pénétration très ancienne des Arabes dans des pays supposés inconnus d'eux.
Chabas..............	12 *décembre* 1862.	Prétendue longévité des anciens Egyptiens. Le chiffre 11 chez les Egyptiens. Le chiffre 12 chez les Hébreux.
Chaillé-Long Bey. ..	19 *mai* 1876......	La rivière Jube.
id.	3 *avril* 1891......	La Corée et les Coréens. MM. Dr Abbate Pacha. Bonola Bey.
id.	10 *janvier* 1896..	Lettre au sujet du lac Ibrahim. M. Schweinfürth.
Chambure (De).......	12 *septembre* 1862	Biographie de Jésus-Christ. Relation de son voyage en Palestine.
Chelu...............	14 *février* 1890...	Discours prononcé à l'occasion de la translation du tombeau de Mariette Pacha.
Cohn (Albert)........	1er *juillet* 1864...	La vie et les travaux de Moïse ben Maïmoun.
Colston.............	—	Rapport sur le Kordofan. *Manuscrit.*
Colucci Bey (Docteur)	2 *mai* 1865......	Eloge de Kœnig Bey.

COLUCCI BEY (Docteur).	*2 novembre* 1866..	Eloge du Dr Schnepp.
id. ...	*11 janvier* 1867 ..	Eloge de Mustapha Bey, président du Tribunal mixte de Commerce.
id. ...	*4 février* 1870....	Eloge des Drs Ori, Zemiche, Grassi et de M. de Chambure.
id. ...	*4 février* 1870....	Présentation d'un exemplaire des Prolégomènes d'Ibn Khaldoun, offert par l'Académie des Inscriptions et Belles lettres de Paris. Renseignements sur cet ouvrage et ses divers traducteurs, notamment Noureddin Pacha, sur l'ordre de Mehemet Ali.
id. ...	*30 décembre* 1870.	Eloge de Figari Bey.
id. ...	*27 juin* 1872.....	Renseignements parvenus de Khartoum sur l'emplacement de la sépulture Brocchi.
id. ...	*12 octobre* 1872...	Communique une lettre du Consul général d'Italie demandant à l'Institut de s'associer aux recherches faites en vue de retrouver le corps du savant Brocchi.
id. ...	*27 juin* 1873.....	Eloge de Rifaah Bey.
COLUCCI PACHA (Doct.).	*15 mars* 1875	Création d'une Société de géographie.
id. ...	*4 juin* 1875......	Inauguration de la Société de géographie.
COPE WHITEHOUSE....	*5 mars* 1886	Le Bahr Youssouf d'après les traditions musulmanes.
id.	*14 janvier* 1887 ..	Emplacement de l'ancienne ville de Dyonisios dans le Fayoum. M. SCHWEINFURTH.
id.	*22 avril* 1887.....	Carte du Fayoum. Photographie de ruines.
		Identification de Pithom avec le Fayoum.

COPE WHITEHOUSE	13 *janvier* 1888..	Note sur le Ouadi Rayan.
id.	1er *mai* 1891.....	Trois cartes de l'Egypte de 1500 av. J. C., 150 et 1890 de l'Ère chrétienne.
id.	8 *février* 1892. ..	Trois cartes Ptolemaïques de l'Afrique septentrionale. M. Dr ABBATE PACHA.
id.	1er *avril* 1892....	La Cartographie du Ouadi Mouellah.
DARESSY	2 *février* 1894....	Identité des villes de Denderah et Coptos.
DUFEU	8 *avril* 1864.....	Notice sur M. Joseph Agoub. — Publication de ses manuscrits.
id.	23 *mars* 1866	La Chevalerie.
FAKHRY PACHA	5 *novembre* 1897..	Eloge de Tito Figari.
FIGARI BEY	2 *décembre* 1859..	Programme de recherches à faire dans le Soudan. *Non publié.*
id.	16 *décembre* 1859.	Aperçu théorique sur la géographie, géognostique de l'Afrique centrale. M. OGILVIE. *Mémoires* T. 1.
id.	27 *décembre* 1861.	Aperçu topographique et commercial de la grande Péninsule du Sennaar.
id.	19 *mai* 1865	Mémoire sur la population de l'Egypte.
FIGARI (Tito)	9 *janvier* 1891 ...	Notice sur Chefik Bey Mansour.
FLOYER	13 *avril* 1894	Identification de la moderne Kenah avec l'ancienne Kainypolis et arguments que l'on peut tirer de sa situation géographique actuelle.
FOURTAU	3 *mars* 1893	La région du Mariout.
FRANZ PACHA.........	10 *janvier* 1890 ..	Notice sur la vie et les œuvres du baron de Kremer.

Franz Pacha........	7 *février* 1896....	Notice nécrologique sur le docteur Bilharz.
Gaillardot Bey (Doct.)	13 *novembre* 1868.	Rapport sur la candidature de M. Caruell, directeur du jardin botanique de Florence.
id.	... 4 *mars* 1870.....	S. A. le Khédive a bien voulu donner 15,000 francs pour la publication de la carte de M. Manuel.
id.	... 1er *décembre* 1871.	Notice sur les travaux de M. de Lanoue, géologue.
id.	... 30 *mai* 1873......	L'Expédition d'Ibrahim Pacha, contre les Druses du Hauran et celle des troupes américaines contre les Modocs.
id.	.. 3 *octobre* 1873....	Découverte d'une forêt pétrifiée à l'ouest du Caire.
id.	... 22 *juin* 1874.....	Au sujet de la forteresse de Schebtoun et d'une lettre de M. Blanche à M. Lenormant. M. Mariette Bey.
id.	... 19 *janvier* 1881..	Discours prononcé aux funérailles de Mariette Pacha.
id.	... 4 *mars* 1881......	M. de Saulcy, sa vie, ses œuvres.
Garnier..................	7 *mars* 1867.....	Mémoire sur le Soudan. MM. Dr Abbate. Dr Colucci Bey.
Gastinel..................	8 *février* 1861....	Soumet un projet d'emploi de ses vacances à explorer le littoral de la mer Rouge. — Plantes à iode, sources thermales, etc.
Gavillot............	6 *mars* 1891.....	Notice sur Vidal Pacha.
Grébaut............	4 *février* 1890....	Discours prononcé à l'occasion de la translation du tombeau de Mariette Pacha.

GRÉGOIRE............	15 *novembre* 1861.	La culture du coton en Égypte. — Historique, état actuel, avenir. MM. Dr ABBATE. Dr SCHNEPP. *Mémoires* V. 1.
GROFF (William)......	6 *janvier* 1893...	Notice sur M. Ernest Renan.
id.	8 *janvier* 1897...	Notes sur certaines légendes et traditions relatives aux pyramides de Ghizeh. MM. Dr ABBATE. FAKHRY PACHA.
id.	2 *avril* 1897.....	Notes supplémentaires sur la sorcellerie et les Légendes des pyramides.
id.	5 *novembre* 1897..	Les Débuts du christianisme en Égypte.
id.	4 *mars* 1898.....	La Lumière de Ramadan. M. Dr ABBATE PACHA.
id.	1er *avril* 1898....	L'Aurore du christianisme en Égypte.
id.	6 *mai* 1898......	Deux textes historiques nouveaux.— La stèle de Merenptah. — Le premier Évangéliste en Égypte. M. DARESSY.
ISMAÏL BEY...........	11 *février* 1881...	Eloge de Mariette Pacha.
JULLIEN (R. P.).......	10 *avril* 1885....	Vestige d'une route longeant la rive sud du Ouaddi Guerraoui. MM. MASPERO. VIDAL BEY.
id.	4 *juin* 1886......	Note sur l'emplacement de l'ancienne Damiette.
LAMOTTE (de)........	16 *janvier* 1880..	Le Bassin du Nil. — But du voyage qu'il va entreprendre.
LEGRAIN (G.)..... ...	5 *novembre* 1897..	Étude sur les Aqabahs. M. FAKHRY PACHA.
id.	—	Discours sur les découvertes archéologiques et l'Institut Égyptien. *Centenaire.*

Lepsius	23 *mars* 1866....	Historique des principales explorations géologiques. — But de son voyage actuel.
id.	11 *mai* 1866.....	Compte-rendu de son voyage. Inscriptions cunéiformes Ruines de Peluse. Fouilles de Sân. Inscription bilingue.
id.	10 *décembre* 1869.	Compte-rendu de son voyage. Deux Meroé. MM. Dr Gaillardot. — Silex. Dr Abbate, — Archéologie médicale.
Lesseps (de).........	7 *juin* 1872......	L'Ensablement de Port-Saïd et le dessèchement des lacs amers ne sont pas à craindre.
id.	15 *avril* 1881....	L'Isthme de Panama.
id.	17 *février* 1882...	Marche toujours favorable des travaux dans l'Isthme de Panama.
Loret (V.)...	1883, *p.* 100......	Légendes Égyptiennes.
id.	—	Discours sur l'histoire de l'Égyptologie. *Centenaire.*
Lumbroso	4 *juin* 1875......	Notice sur l'antique Alexandrie. *Non publié.*
Mahmoud Bey........	14 *août*, 13 *novembre* 1868, 5 *fév.*, *et* 9 *avril* 1869..	Mémoire sur l'antique Alexandrie. MM. Dr Gaillardot Bey. Dr Colucci Bey. Pereyra.
id.	14 *juin* 1874.....	Note sur l'ancienne branche Sébennytique du Nil.
Manuel.............	16 *octobre* 1869..	Explication de sa carte des sources du Nil. MM. Dr Gaillardot Bey. de Saulcy.
id.	17 *juin* 1870.....	Formation d'un dossier sur les pays du Haut-Nil. MM. Dr Colucci Bey. de Regny Bey.

MANUEL	30 *décembre* 1870.	Explications sur sa carte du Soudan.
id.	16 *mai* 1871.....	Importance de la création de communications entre le Haut-Nil et le lac Tchad. — Carte des itinéraires du lac Tchad. MM. MARIETTE BEY. DOBIGNIE.
id.	29 *novembre* 1872.	Examen de la carte des découvertes de Livingstone communiquée par le général Stone.
MARIETTE BEY........	15 *juin* 1860.....	Eloge de M. le duc de Luynes.
id.	29 *septembre* 1864.	Les populations du lac Menzaleh. MM. Dr Paolo COLUCCI. Dr COLUCCI BEY. GATTESCHI. Dr GAILLARDOT.
id.	19 *mai* 1870......	Au sujet des populations du lac Menzaleh. Traces de l'existence de l'homme à l'époque du Mammouth.
id.	27 *mai* 1870......	Les antiquités mexicaines et les antiquités égyptiennes. M. Dr GAILLARDOT BEY. — Relations anciennes des Egyptiens avec les Indes, la Chine et peut être l'Amérique, campagne contre les Pounts.
MASPERO	20 *juin* 1884.....	Eloge de Rogers Bey.
id.	7 *novembre* 1884..	Importance de l'étude des contes populaires.
id.	4 *décembre* 1885..	Eloge de Mahmoud Pacha el Falaki.
MAYER EYMAR	1er *avril* 1892....	L'Oasis de Moeleh et la rive ouest du lac el Keroun. M. COPE WHITEHOUSE.
MERIONEC (Alain de)...	9 *novembre* 1888...	Notice historique sur Chaggaratt Ouddour.
MIANI.	—	Dossier le concernant.

MOURIEZ (Paul).....	30 *mars* 1861....	La mer Rouge. *Mémoires* V. 1.
NACHTIGAL..........	2 *avril* 1875......	Son voyage dans le Soudan.
ORI (Docteur)........	16 *novembre* 1859.	Demande un programme des recherches à faire dans le Soudan.
id	17 *avril* 1868.....	Lettre écrite de Khartoum. Le lac Tanganika serait le centre de deux grands systèmes hydrographiques de l'Afrique.
PEDRO (Don S. M.)...	10 *novembre* 1871.	Son voyage en Egypte. MM. Dr GAILLARDOT BEY. Dr COLUCCI BEY. Dr Paolo COLUCCI. Dr NEROUTSOS BEY. GILLY. HÉLOUIS.
PENEY (Docteur).....	16 *mai* 1861......	Lettre de Gondokoro. Renseignements sur son voyage et envoi d'objets. MM. Dr SCHNEPP. PEREYRA.
PEREYRA..........	31 *mai* 1860.....	Eloge de M. Winder.
id.	2 *mai* 1865.......	Eloge du marquis Cosme Ridolfi.
id.	29 *décembre* 1871.	Eloge de M. Huber.
PIOT BEY............	6 *novembre* 1895.	Notices sur Carl Vogt, Henri Huxley et Louis Pasteur.
id.	5 *novembre* 1897..	Éloge de W. Abbate Bey.
PROMPT............	6 *février* 1891...	La Vallée du Nil.
id.	20 *janvier* 1893..	Le Soudan Nilotique. MM. Dr ABBATE PACHA. COPE WHITEHOUSE.
PROUT.............	1876	Rapport sur le Kordofan. *Manuscrit.*
REGNY BEY (de)......	3 *avril* 1874.....	Note sur les principaux titres scientifiques de M. Quetelet.

Begny Bey (de)......	6 *novembre* 1874..	L'ancien Institut d'Egypte. Son histoire, son organisation intérieure, ses travaux.
Rémélé............	18 *avril* 1874.....	Expédition Rohlfs, rapport photographique.
Rochemonteix (de)....	—	Quelques contes nubiens. *Mémoires* V. 2.
Rogers Bey..........	10 *novembre* 1882.	Notice nécrologique sur M. Calvert.
Rohlfs (G.).........	5 *décembre* 1873..	But de son voyage dans le désert Lybique. MM. Dr Abbate Bey. Dr Gaillardot Bey. Mariette Bey. Zittel.
id.	18 *avril* 1874	Compte-rendu de son voyage.
Roosmalen (De)......	—	Rapport sur le livre de M. Collas, intitulé : La Turquie en 1864.
		Mahomet et le Coran. *Manuscrit.*
Rossi Bey...........	11 *janvier* 1889...	Le Hedjaz devant l'Europe.
Salomon (Al. P.)......	1er *mai* 1896.....	Etude historique et critique sur Marc ibn al Kanbar, réformateur Copte au XIIe siècle.
Schnepp (Docteur)....	19 *août* 1859.....	Eloge du père Michel.
id.	15 *mai* 1860.......	Notice sur Soliman Pacha.
Schweinfurth	19 *décembre* 1873.	Renseignements sur Miani et ses collections.
		Lac découvert par Piaggia.
id.	6 *mars* 1875	Exploration du désert Oriental.
id.	27 *avril* 1883....	Une visite au port de Tobrouk (Cyrenaïque).
id.	10 *avril* 1885....	Ancienne digue près Hélouan.

SCHWEINFURTH	2 *avril* 1886.....	Ancienne capitale du Fayoum.—Krokodilopolis.
id.	4 *mars* 1887.....	Peuplades de la région explorée par le Dr Yunker dans le bassin de l'Ouelle Makona.
id.	10 *janvier* 1896..	Notice nécrologique sur le professeur Sickenberger.
SCHWOB (G.).........	17 *avril* 1862.....	Essai historique sur les Capitulations de la France.
id.	10 *octobre* 1862...	Notice sur Jomard Bey.
SICKENBERGER	2 *déc.* 1892, 6 *janv.* *et* 2 *juin* 1893..	Côte Egyptienne de la Méditerranée. — Reconnaissance faite pendant les mois d'août et de septembre 1892.
THURBURN	2 *mars* 1860......	Intérêt d'une étude du lac Menzaleh et du lac Mariout. M. le Colonel d'ARNAUD BEY.
VASSALI.............	*séance annuelle* 1863..........	La période des rois Hycsos. *Non publié.*
ZOGHEB (Al. MAX de)..	5 *janvier* 1894...	L'Église d'Alexandrie.

Le Chapitre III de la première partie et les seconde et troisième parties en entier ont été établis d'après les recherches faites dans les Archives de l'*Institut Egyptien* par M. le Commandant Léon VIDAL, Bibliothécaire-Archiviste.

TABLE DES MATIÈRES

Imprimerie de l'Institut de Bibliographie (Ancienne maison Monnoyer). — IX-99.

ERRATA

Page 61, après: *Chéfik Bey Mansour*, etc., ajouter : COGNIARD (D[r]), médecin au Caire, 2 mars 1888.

Page 70, après : *Geoffroy-St-Hilaire*, etc., ajouter : Grand Pacha, ex-résidant, 4 mars 1898.

Page 73, au lieu de : Pedro d'Alcantara (S. A. Don), lire : Pedro d'Alcantara (S. M. Don).

Page 109, au lieu de : *Piot-Bey*, 6 mai 1896, lire : *Piot-Bey*, 6 mai 1898

LIVRE D'OR

DE

L'INSTITUT ÉGYPTIEN

PUBLIÉ

A L'OCCASION DU CENTENAIRE DE LA FONDATION

DE

L'INSTITUT D'ÉGYPTE

L'INSTITUT ÉGYPTIEN

6 Mai 1859 — 5 Mai 1899

PLANCHES

A. MOHAMMED SAÏD PACHA

S. A. ISMAIL PACHA

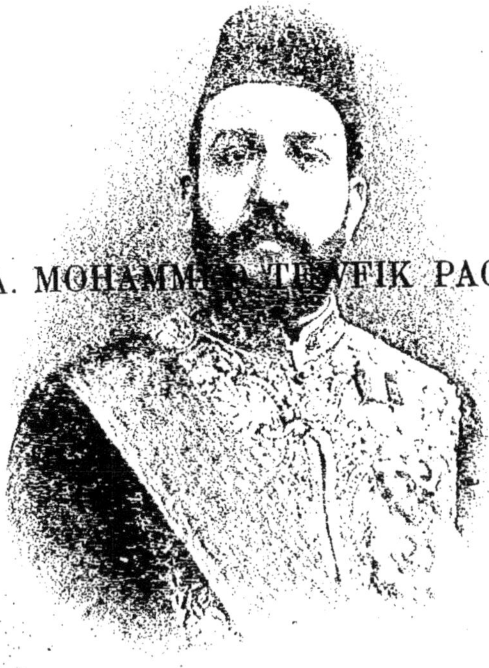

S. A. MOHAMMED TEWFIK PACHA

S. A. ABBAS HELMY PACHA

S. A. ABBAS HELMY PACHA

ILLE INSIGNE

DES

MEMBRES RÉSIDANTS

MÉDAILLE INSIGNE

DES

MEMBRES RÉSIDANTS

S. E.

S. E. KŒNIG BEY

M. H. THURB

S. E. MARIETTE PACHA

M. DE CHAMBURE

Le portrait de cet ancien Président n'existe pas à l'Institut Egyptien, et les démarches faites auprès des Membres de la famille de Chambure pour se le procurer, sont restées infructueuses.

M. DE CHAMBURE

Le portrait de cet ancien Président n'existe pas à l'Institut Egyptien, et les démarches faites auprès des Membres de la famille de Chambure pour se le procurer, sont restées infructueuses.

S. E. COLUCCI PACHA

S. [illegible]RDOT BEY

M. MASPERO

M. LE PROFESSEUR Dr SCHWEINFURTH

S. E. YACOUB ARTIN PACHA

S. E. YACOUB ARTIN PACHA

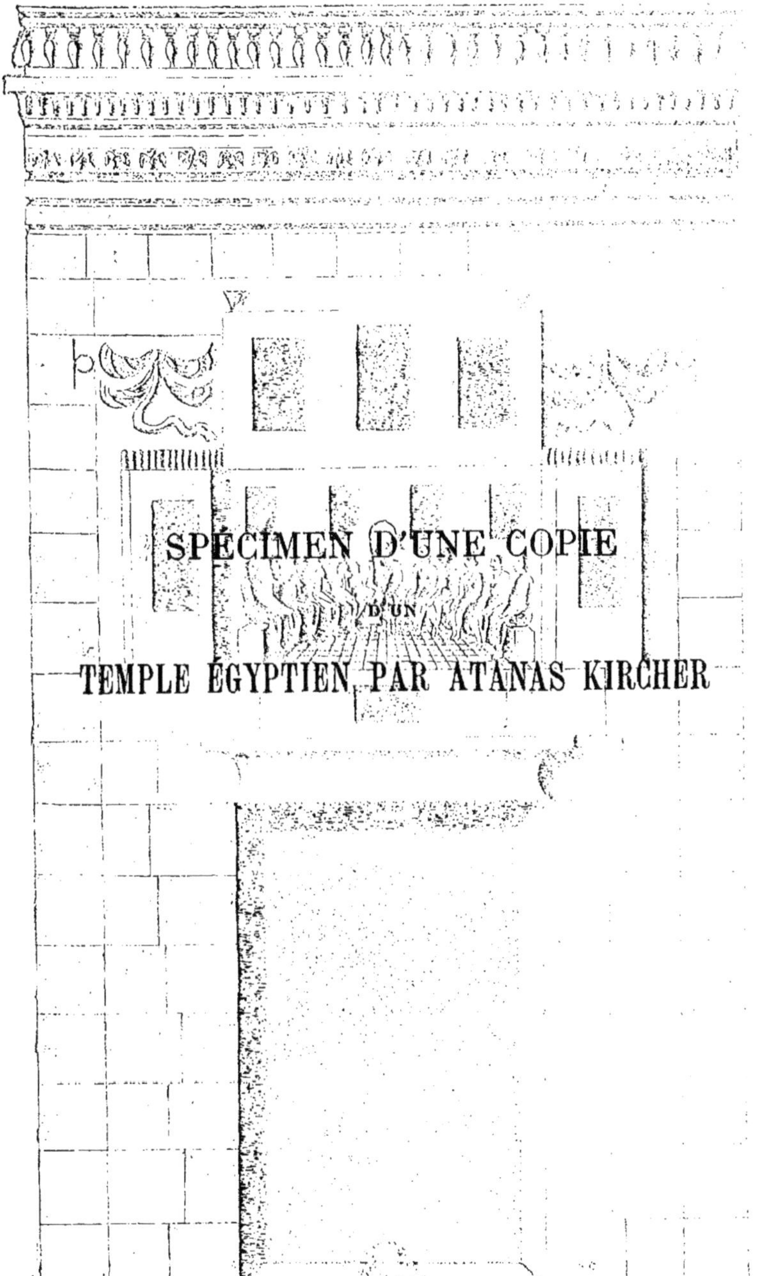

SPÉCIMEN D'UNE COPIE

D'UN

TEMPLE ÉGYPTIEN PAR ATANAS KIRCHER

SPÉCIMEN D'UNE COPIE

D'UN

TEMPLE ÉGYPTIEN PAR ATANAS KIRCHER

www.ingramcontent.com/pod-product-compliance
Ingram Content Group UK Ltd.
Pitfield, Milton Keynes, MK11 3LW, UK
UKHW020445200726
13857UKWH00002B/576

9 782013 049917